Ein Wort zuvor

Die achtjährige Andrea beantwortete das Telefon: Nein, ihre Oma sei jetzt nicht zu sprechen. Für niemanden! – Warum nicht? „Unsere Oma ist jetzt ganz still für uns alle!"

Still sein für andere, liebe-voll an andere denken, ihnen Gutes wünschen und für sie beten – das kann nur, wer begriffen hat, dass Liebe keinen Lärm macht und dass das Bleibende in der Stille wächst.

Wo Menschen *in sich* ruhen, wo sie „für andere still sind", da kann Harmonie entstehen, untereinander, aber auch zur Natur und zum Kosmos. In der Stille keimen Zufriedenheit und Zärtlichkeit.

Nur im Zurücknehmen des Ichs kommt Liebe zum Tragen. Weil „Oma für uns still ist", darf man sie jetzt nicht stören. Weil andere uns wohlgesonnen sind, weil sie uns mögen, uns lieben, uns Gutes wünschen, kommt ihr Für-uns-Stillsein einem Gebet gleich, einem Segenswunsch. Weil andere gut an uns denken, hat die Welt Zukunft; kommt alles immer wieder ins Lot, was in Chaos zu verfallen droht.

In der Tat: Auf die Liebe kommt es an! Augustinus, der große Bischof von Hippo in Nordafrika, hat recht: „Liebe – dann tue, was du willst." Wer liebt, muss auch den Nächsten lieben lernen; wer liebt, tief in seinem Innersten, wünscht ihm nichts Schlimmes; weder Krankheit noch Krieg; weder persönliches Leid noch geistigen Kummer.

Menschen, die sich mühen, alle Menschen zu respektieren, egal, welcher Nationalität, Religion oder Hautfarbe sie angehören – die sind allemal auf dem besten Weg zur Versöhnung, zum Frieden, zur Ehrfurcht vor allen Geschöpfen, Menschen wie Tieren – vor der ganzen Schöpfung. Und – darüber hinaus – sie sind auch willens, diese Schöpfung für die Zukunft bewahren zu helfen.

Die Eskimos im Norden Kanadas beenden ihre Märchen gerne mit dem lapidaren Satz: „Mögen alle unsere Fehler sich auf ihre Plätze begeben und möglichst wenig Lärm machen!"

Das wünschen wir auch Ihnen, liebe Leserinnen, liebe Leser, dass das Lärmende der Liebe Platz mache; den Liebenden; all denen, die gut sind zu anderen.

Wir wünschen Ihnen, dass Ihre so verstandene Liebe nie mehr übersehen und überhört werde. Denn, wie ein bekanntes Sprichwort sagt: „Was bleibt, schaffen die Liebenden."

Adalbert Ludwig Balling
Reinhard Abeln

Liebe – was ist das?

Die Liebe ist
unter den Tugenden,
was die Sonne
unter den Sternen:
Sie gibt ihnen
Glanz und schönheit.

Franz von Assisi

Liebe ist …

wenn Menschen einander verzeihen,
wenn Menschen einander nicht verraten,
wenn Menschen einander vertrauen,
wenn Menschen einander ernst nehmen,
wenn Menschen einander zulächeln,
wenn man Einsame einlädt,
wenn man einen Freund wissen lässt: Es ist gut,
dass es dich gibt,
wenn man Gestolperten wieder auf die Beine hilft,
wenn man andere erträgt und ihnen nichts *nach*-trägt,
wenn man andere nicht immer „wissen lässt", dass
man „etwas weiß",
wenn man „trotzdem" liebt und nicht zurückschlägt,
wenn man wie die heilige Monika nicht aufhört,
ein Kind zu lieben, auch wenn es Irrwege geht,
wenn man wie Stephanus auch für seine Feinde betet,
wenn man Ja sagt, obwohl der Geldbeutel Nein sagt,
wenn man den anderen als angenehm empfindet
und es ihm sagt,
wenn man andere lobt,
wenn ein Mann zu seiner Frau am Jahrestag der
Hochzeit sagt, er würde keine Sekunde zögern, sie
wieder zu heiraten …

Reinhard Abeln

Weisheit aus dem Libanon

Die Kraft zu lieben ist Gottes
größtes Geschenk an den Menschen,
denn niemals wird es dem Gesegneten,
der liebt, genommen werden.

Die Liebe verbindet
die Gegenwart mit Vergangenheit
und Zukunft.

Die Liebe ist die einzige Blume,
die alle Jahreszeiten
wächst und gedeiht.

Wer von der Liebe
nicht als Diener erwählt wurde,
wird nicht vernehmen,
wenn die Liebe ruft.

Die wahre Liebe
kommt aus dem Innern des Menschen
und entdeckt der Seele
die Geheimnisse des Herzens;
sie verleiht ein Gefühl
des Glücks
und der Zufriedenheit mit dem Leben …

Nach Kahlil Gibran

Die anderen lieben

Wer mit Menschen auskommen will,
muss sie lieben.
Die anderen lieben heißt –
für sie da sein,
ihnen zuhören,
sie ermuntern,
ihnen wohl-wollen,
für sie beten …

Die anderen lieben heißt –
sie so nehmen,
wie sie sind.

Ein guter Fotograf ist der,
der seine Objekte gern hat
und obendrein die Kunst des
Fotografierens beherrscht.
Ein guter Mensch ist der,
der die Menschen gern hat –
ohne sie beherrschen zu wollen …

Adalbert Ludwig Balling

Was wir brauchen, ist Liebe

Dass es so ist, darüber werden wir uns schnell einigen können: Was wir brauchen, ist Liebe. Das wünschen sich Ältere wie Junge, Erfolgreiche wie die, bei denen vieles nicht geklappt hat.

Aber – was meinen wir, wenn wir von Liebe reden? Jeder etwas anderes? Liebe – ein Wort, aber viele Deutungen? Ich will sie nicht aufzählen, warum auch. Wenn wir nur festhalten: Sie ist immer mehr, als wir uns gerade darunter vorstellen. Im Grunde ist sie die Kraft, die die Welt, die kleine und die große Welt, zusammenhält.

Geradezu beschwörend wird von ihr gesprochen. Wir haben Angst, dass sie uns verlässt, dass sie ausstirbt, erdrückt wird. Freilich, was nützen solche Ängste, wenn wir nicht bereit sind zu lieben, wenn wir immer nur davon träumen. Vielleicht ist es nötig, einmal durchzubuchstabieren, was Liebe ist. Versuchen wir es!

Also L, der erste Buchstabe, L wie Langmut: Mit jemandem einen langen Weg gehen können und bei ihm bleiben, sich mutig an seine Seite stellen. Wie oft hat er nur noch uns, sonst niemanden. So zu lieben, dazu gibt es jeden Tag Gelegenheit genug.

Wir buchstabieren weiter: I wie Ideen haben. Die braucht man in der Liebe. Erfinderisch sein. Immer neue Versuche wagen. Nicht aufgeben. Überraschung bereiten. Das Unerwartete tun. Liebe also, die ideenreich ist füreinander. Sie ist nötig.

Der nächste Buchstabe: E. E wie Ehrerbietung. Ein altes Wort, gewiss. Aber was es meint, hat Bestand: das Geheimnis des anderen Menschen respektieren. Solche Liebe ist behutsam. Sie vergewaltigt nicht und drängt sich nicht auf. Liebe, die den Mitmenschen ehrt – sind wir dazu noch fähig?

Weiter: B wie Beispiel. Was nützt alles Reden von Liebe, wenn wir kein Beispiel geben? Man wird dabei über manchen Schatten springen müssen. Aber anders, als dass man jemandem zeigt mit seinem Handeln, wie man es mit ihm meint, geht es nicht. Liebe kommt ohne beispielhaftes Verhalten nicht aus.

Der letzte Buchstabe: E. E wie Erbarmen. Liebe, die nicht auf Distanz geht, wenn da nicht mehr viel Liebenswertes ist. Dieses Erbarmen erduldet Zurückweisung und nimmt Enttäuschungen hin. Von dieser Liebe heißt es in der Bibel: „Sie lässt sich nicht erbittern. Sie rechnet das Böse nicht zu. Sie verträgt alles, glaubt alles, hofft alles, duldet alles." Wir haben sie sicher nicht erfunden. Sie trägt alle Merkmale Christi. Aber sie will durch uns weitergegeben werden.

Ja, was wir brauchen, ist Liebe.

Johannes Kuhn

Als Gott den Menschen schuf

Legenden darf man nicht mit Märchen verwechseln; Legenden haben meistens einen „frommen" Inhalt, manchmal sogar einen biblischen. Eine alte jüdische Legende berichtet zum Beispiel von einer „frommen Mythe":

Gottvater hatte sich am Ende seines Schöpfungswerkes ein wenig ausgeruht – am Ende des sechsten Tages. Er überlegte bei sich, ob und wie er wohl den Menschen schaffen solle. Da ließ er sich von seinen „drei liebsten Töchtern" beraten – von der Weisheit, der Gerechtigkeit und der barmherzigen Liebe.

Als Erste trat die Weisheit auf: Vater, sagte sie, bitte, erschaffe den Menschen nicht!

Er wird deine Weisheit ignorieren! Die Menschen machen sich nur selber zum Narren. Und dafür wäre deine Schöpfung zu gut! Bitte, gib deine Schöpfung der Dummheit und dem Wahnwitz der Menschen nicht preis!

Gott Vater war ganz Ohr, aber er schwieg.

Da meldete sich seine zweite Tochter, die Gerechtigkeit, zu Wort: Vater, bitte, erschaffe den Menschen nicht! Denn um Gerechtigkeit wird er sich nicht kümmern. Einer wird den andern verleumden, einer den andern hassen. Sie werden aus deiner schönen Welt eine Hölle von Ungerechtigkeiten machen!

Gott hörte aufmerksam zu – und schwieg.

Schließlich trat die barmherzige Liebe an ihn heran und sagte: Vater, was meine beiden Schwestern soeben vorbrachten, trifft wirklich zu. Ihre Voraussagen stimmen, aber, ich bitte dich, erschaffe den Menschen dennoch! Schenke ihm – als einzigem Geschöpf – Freiheit und Liebe.

Ich weiß, die Freiheit wird von ihm missbraucht, die Liebe verletzt werden. Aber beide machen die Würde des Menschen aus. Und ich selber will zu den Menschen hinabsteigen und sie die Liebe lehren; denn die Krönung deiner gesamten Schöpfung wird die Liebe sein. Ganz gewiss, ich gehe zu den Menschen – und wenn es mich das Leben kostet!

Da – so endet die jüdische Legende – nahm Gottvater seine dritte Tochter in die Arme; er drückte sie ganz fest an sein Herz. Danach schuf er den Menschen ...

Adalbert Ludwig Balling

Liebe heißt …

sich selbst nicht so wichtig nehmen
einander Vertrauen schenken
zuhören können
kleine Freundlichkeiten erweisen
Wünsche erraten
Fehler entschuldigen
Gehässigkeiten überhören
den anderen bestätigen und loben
gut voneinander denken
jemanden vom ängstlichen Sorgen wegbringen
fremde Last mittragen
dem anderen Mut machen
im richtigen Moment schweigen
füreinander beten …

Reinhard Abeln

Geheimnisvoll und unergründlich ...

Liebe ist wie frischer Wind für die Mühlen;
wie Treibstoff für die Turbinen;
wie Regen nach langer Dürre;
wie ein Sonnenstrahl in klirrender Kälte.

Liebe ist wie das Abendrot
am sanft glühenden Horizont;
wie eine Waage,
die zu unseren Gunsten ausschlägt;
wie Balsam auf schwärender Wunde;
wie ein Kometenschweif
am nächtlichen Himmel;
wie eine Schlüsselblume
mitten unter Wiesengräsern;
wie ein wärmender Kachelofen
im kalten Winter ...

Liebe ist –
dem andern nahe sein wollen;
dem andern Gutes wünschen;
liebe-voll an ihn denken;
für ihn beten ...

Liebe ist geheimnisvoll, unergründlich –
wie das Weltall:
ohne Grenzen.

Adalbert Ludwig Balling

Ich habe dich gesehen …

Bei den Amandebele in Simbabwe
gibt es die wunderschöne Begrüßungsformel:
„Ich habe dich gesehen!"
Der so Angeredete antwortet genauso:
„Auch ich habe dich gesehen!"
Dann wechseln sie die Fragen:
„Woher kommst du?"
„Wohin gehst du?"
Und beim Abschied wünschen sie sich gegenseitig:
„Geh gut, geh sachte, geh friedlich!"

Mit dem Gruß „Ich habe dich gesehen!"
gibt der Afrikaner zu verstehen,
dass er einen als Freund sieht.
Feinde können sich nicht in die Augen schauen.
Nur Wohlwollende schauen sich an,
nehmen sich an,
sagen Ja zueinander.
Ihre Augen schenken Zärtlichkeit,
verteilen Liebe,
wünschen Gutes.

Liebende lieben zuerst mit den Augen;
Liebende liebkosen einander,
lange bevor sie einander die Hände reichen.
Liebende lieb-äugeln voller Zärtlichkeit …

Adalbert Ludwig Balling

Liebe ist Hingabe

Liebe ist alles,
was unser Leben steigert,
erweitert, bereichert.
Nach allen Höhen und Tiefen.

Franz Kafka

Liebe ist eine Glocke,
welche das Entlegenste
und Gleichgültigste
widertönen lässt
und in eine besondere Musik
verwandelt.

Gottfried Keller

Das innerste Wesen der Liebe
ist Hingabe.

Edith Stein

Der Mensch ist
eine Erfindung der Liebe
und wurde geschaffen zum Lieben.

Ernesto Cardenal

Ohne Profitgedanken

Du tust viel für mich –
du schreibst regelmäßig;
du rufst häufig an;
du machst kostbare Geschenke;
du überhäufst mich mit Gaben;
du kümmerst dich um meinen Hund
und Garten, wenn ich auf Reisen gehe;
du begießt meine Zimmerpflanzen,
gibst frisches Wasser den Blumen …

Aber du tust es nicht ganz ohne Absicht.
Du willst, dass andere wissen,
was du für mich tust.
Du willst, dass andere spüren,
wie sehr du dich abrackerst.
Du willst Listen anlegen,
Gute-Taten Listen.
Du möchtest auf-rechnen,
wünschst mich in deinen Schulden,
weißt, ich werde niemals in der Lage sein,
dir für all das zu danken, was du mir gabst –
nicht durch Gegengeschenke.
Ich bleibe dein Schuldner, zeitlebens.

Aber eines weißt du nicht:
Liebe ist ein Geschenk;

Freundschaft ist ein Geschenk.
Sie lassen kein Aufrechnen zu;
auch keine Profitgedanken.
Liebe verschenkt, ohne zu fragen,
ohne zu rechnen – aus Liebe.

Adalbert Ludwig Balling

Wann beginnt der Tag?

Der Rabbi fragte seine Schüler.
„Wann wird die Nacht zum Tage?"
Darauf antwortete einer der Schüler:
„Vielleicht, wenn man einen Hund von einem
Schaf unterscheiden kann?"
„Nein", antwortete der Rabbi.
Da meinte ein anderer Schüler.
„Vielleicht, wenn man einen Dackel von einem
großen Baum unterscheiden kann?"
„Nein", antwortete der Rabbi.
Da bedrängten ihn seine Schüler:
„So sag uns doch, wann wird denn die Nacht zum
Tage?"
Darauf antwortete der Rabbi:
„Wenn du in das Gesicht eines Menschen
blickst und dabei entdeckst,
dass er dein Bruder ist!"

Jüdische Überlieferung

Zeichen der Liebe

Lieben,
so sagte ein großer Theologe einmal,
heiße Raum geben,
Freiraum lassen,
nicht begehren …

Wer liebt,
schenkt her,
statt festzuhalten;
schenkt Raum,
in dem der Geliebte
sich selbst verwirklichen kann.

Wer liebt,
schenkt Licht,
schenkt Wärme,
schenkt Freude und Leben.

Liebe ist Freude am Leben;
Freude am andern;
Freude an Gott.
Gott ist Freude;
seine Freude ist erfinderisch.
Er schenkt uns Zeichen seiner Liebe –
Menschen, Tiere,
Blumen, Sterne …

Adalbert Ludwig Balling

Bergengruen und die Bäuerin

Der Dichter Werner Bergengruen schreibt in seinen autobiografischen Skizzen (vgl. Dichtergehäuse, Verlag Die Arche, Zürich 1966) auch über seine Flucht aus Russland. Ihm war es gelungen, aus einem russischen Kriegsgefangenenlager auszubrechen. Dabei kam er – es war am Osterfest 1919 – auf der Suche nach Lebens-(Überlebens-)Mitteln in ein kleines Dorf des Gouvernements Minsk:

„Eine alte Bäuerin sagte zu mir: Ich habe einen Sohn in deutscher Gefangenschaft, von dem ich nichts weiß. Ich werde jetzt denken, du bist dieser Sohn! – Und sie umarmte mich und beschenkte mich reichlich …"

Was die alte russische Bäuerin tat, spricht lauter und deutlicher als hundert Predigten. Sie hat zutiefst erfasst, was es heißt: Liebe deinen Nächsten wie dich selbst!

Sie hat im Innersten gespürt, dass man Hass niemals mit Hass erwidern darf; sie ahnte wohl auch, dass echte Nächstenliebe über Grenzen und Nationalitäten und Schützengräben hinweggeht.

Liebe, christlich verstandene Liebe, ist allumfassend, weltweit, un-endlich.

Adalbert Ludwig Balling

Den andern anders sein lassen

Den Nächsten lieben, wenn er weit weg ist, ist so schwer nicht. In die Ferne lieben – Menschen, die Kontinente entfernt leben, von denen uns Weltmeere trennen, die uns anonym bleiben –, das lässt sich mit unserem Alltag vereinen. Wir bestimmen die Zeit und die „Qualität" unserer Liebe.

Was aber, wenn der Nächste nebenan wohnt? Wenn er zu meiner Familie gehört? Wenn er mein langjähriger Partner ist?

Erich Fried hat das sehr feinfühlig wiedergegeben: „Dich sein lassen, ganz dich; sehen, dass du nur du bist, wenn du alles bist, was du bist – das Zarte und das Wilde, das, was sich anschmiegen und das, was sich losreißen will. Wer nur die Hälfte liebt, der liebt dich nicht halb, sondern gar nicht; der will dich zurechtschneiden, amputieren, verstümmeln …"

Den Nächsten lieben, wenn er uns auf die Nerven geht; wenn das prickelnde *Abenteuer* fehlt; wenn nur noch Routine vorhanden zu sein scheint – das ist schwer, aber nicht unmöglich.

Den Nächsten lieben – heißt das nicht auch, ihn Mensch werden lassen? Ihn akzeptieren, so wie er ist? Ihn gern haben, trotz seiner Fehler und Schwächen und Unebenheiten?

Die Frau erwiderte: „Erinnerst du dich nicht daran, dass du mir gestern Abend gesagt hast: Nimm mit, was dir am besten gefällt? Nichts, mein Geliebter, gefällt mir besser in der ganzen Welt als du!"

Der Mann sah in der Liebe seiner Frau ein Zeichen Gottes. Sie gingen wieder zusammen zum Rabbi. Dieser betete über sie; und die Frau wurde schwanger.

Rabbinische Geschichte

Ein Stück Liebeserfahrung

Kinder und Narren sagen die Wahrheit,
heißt ein altes Sprichwort.
Kinder halten keine Maske
vors Gesicht,
sie sagen, was sie denken,
wie sie's empfinden.

Auf die Frage, was sie sich unter Liebe
vorstellten, antworteten
Acht- und Neunjährige:
Liebe ist, wenn man traurig ist und
es kommt ein Pudel und leckt einen ab.
Liebe ist, wenn es draußen regnet und
man reibt dann dem Hund das Fell ab.
Liebe ist, wenn man etwas angestellt hat,
aber dann doch keine Strafe dafür
bekommt.
Liebe ist, wenn alle mich mögen,
die ich auch mag …

Liebe ist – ein Stück Liebeserfahrung!
Nur für Kinder?

Adalbert Ludwig Balling

Liebe ist …

wie ein schattiger Baum,
wie eine rote Rose,
wie Sonnenschein,
wie ein Frühlingsregen,
wie ein wärmender Kachelofen im Winter,
wie eine Fensterscheibe – sie lässt Licht und
Wärme durch.

Liebe ist …

nichts Oberflächliches,
nicht blind,
nicht taub,
nicht lahm,
nicht selbstverständlich,
nicht immer für jedermann sichtbar,
nicht ICH, eher DU,
nicht immer leicht,
nicht immer ohne Leid,
nicht immer Liebe auf den ersten Blick.

Liebe ist ...

kein Kinderspiel,
keine Momentaufnahme,
kein Kassenschlager.

Liebe ist ...

menschliche Wärme,
Vertrauen ohne Vorbehalte.

Reinhard Abeln

Eine große Tat

Ein alter Mann, der im Sterben lag, rief seine drei Söhne zu sich. „Ich möchte demjenigen von euch einen wertvollen Edelstein schenken, der schon einmal eine große Tat vollbracht hat", sagte er zu seinen Söhnen.

Der älteste Sohn sprach als Erster: „Einst ließ ein Mann sehr viel Geld bei mir zurück. Ich bewahrte es auf, bis er von einer weiten Reise zurückkam. Der Mann wollte mich bezahlen, aber ich wollte nichts haben. War das nicht eine gute Tat?"

Darauf antwortete der alte Mann: „Nein, mein Sohn. Das war einfach Ehrlichkeit."

Dann sprach der zweite Sohn: „Ich habe ein Kind, das am Ertrinken war, aus einem Teich gezogen. Ich trug es zur Mutter, die froh und glücklich war. War das nicht eine gute Tat?"

Der Vater antwortete: „Das war Hilfsbereitschaft und Mitgefühl, aber keine wirklich große Tat."

Schließlich sprach der jüngste Sohn: „Ich ging in der Nacht an einer Schlucht vorbei und sah meinen größten Feind am Rande der Klippen liegen. Er war betrunken und drohte den Abhang hinunterzufallen. Ich ging hin und zog ihn an einen sicheren Platz. War das eine gute Tat?"

Der alte Vater war erfreut: „Ja, das war gut! Man kann keine größere Tat vollbringen, als seinem Feind zu helfen!" Und er schenkte den Edelstein seinem jüngsten Sohn.

Märchen aus Äthiopien

Wäre aber die Liebe nicht …

Das Herz hat seine Gründe,
von denen der Verstand nichts weiß.
So schrieb Blaise Pascal einmal.

Erich Fried, ein moderner Poet,
hat das Gleiche etwas anders ausgedrückt:
„Es ist Unsinn, sagt die Vernunft.
Es ist Unglück, sagt die Berechnung.
Es ist nichts als Schmerz, sagt die Einsicht.
Es ist, was es ist, sagt die Liebe …"

Gegen die Liebe kommt,
Gott sei Dank,
nichts an.
Auch kein noch so klarer Menschenverstand.
Wahre Liebe ist un-berechenbar.
Wäre die Liebe nicht,
wäre vieles in unserem Leben nicht.

Die Liebe hat keine Angst,
die Liebe kennt keine Aufrechnung.
Die Liebe sucht nicht ihren Vorteil.
Die Liebe prahlt nicht;
sie setzt sich nicht in Szene;
sie ist einfach,
bescheiden,

herzlich.
Die Liebe,
so schreibt Paulus im 13. Kapitel
des Korintherbriefes,
hört niemals auf …

Adalbert Ludwig Balling

Liebe weckt Leben

Liebe ist die Sonne,
die den Morgen
rötlich überstrahlt,
doch den Abend vergoldet.

Charles Tschopp

Lieben heißt –
dem anderen Gutes wollen.

Thomas von Aquin

Die Liebe behandelt
nicht nur gut,
sie macht gut.
Sie weckt das Gute
zum Leben;
sie wandelt um.

Anselm Grün

Wer Liebe schenkt,
sagt: Ich mag dich –
so wie du bist;
ich vertraue dir!

Adalbert Ludwig Balling

Ohne Liebe kann keiner leben

Den Weg durchs Leben
kann man nur
Hand in Hand zurücklegen.

Eugene Ionesco

Manchmal genügt eine Rose

Von dem Romanschriftsteller Johannes Mario Simmel, einem Österreicher, stammt das Wort: „Es gibt Augenblicke, in denen eine Rose wichtiger ist als ein Stück Brot."

Man könnte weiterdichten: Es gibt Augenblicke, in denen ein Stück Brot wichtiger ist als eine fromme Rede. Es gibt Augenblicke, in denen ein Mensch, der liebt, das Wichtigste überhaupt ist.

Es gibt Augenblicke im Leben, in denen man auf alles verzichtet – auf Luxus, Reichtum, Gold und Diamanten; in denen man alles hergäbe für ein bisschen Liebe von Mensch zu Mensch; für ein klein wenig Zärtlichkeit; für ein Minimum an Verständnis; für ein Quäntchen Freundschaft; für ein Milligramm Anerkennung; für alles, was man mit Geld und Gold nicht kaufen kann.

Alle Mächtigen und Reichen dieser Erde haben das erfahren. Kein Milliardär hat jemals Liebe mit Geld erkaufen können; keinem Onassis ist es je geglückt, sich per Handelsflotten und Öltanker die Liebe eines Menschen einzuhandeln; keinem Schah von Persien ist es gelungen, Liebe mit Diamanten aufzuwiegen.

Die Großen dieser Erde können sich trotz all ihrer Schätze auch nicht mehr als satt essen; sie können sich an einer Rose auch nicht mehr freuen als ein Bettler; sie können an einem Kinderlächeln sich nicht glücklicher sehen als die einfache Mutter im Bergdorf; sie haben vom Schein des Mondes und dem Funkeln der Sterne nicht mehr als der Schafhirte auf der Weide; sie können sich an den Schneeflocken nicht mehr freuen als die Gassenbuben, die von der Schule heimkehren; sie können nicht sagen: Die Sonne gehört uns – oder der Regen – oder der Wind; sie sind uns, was die Rosen anlangt und die Sterne und die Luft, die wir atmen, und das Lächeln der Kinder, keinen Millimeter voraus.

Sie – die Mächtigen und Reichen dieser Welt – müssen zugeben: In der Tat, es gibt Augenblicke im menschlichen Leben, in denen eine Rose wichtiger ist als Dutzende von Goldbarren, Edelsteinen, Silberketten, Prachtschlössern, Ferienbungalows, Urlaubsyachten …

Adalbert Ludwig Balling

Das Experiment des Kaisers

Vor vielen hundert Jahren regierte auf der Insel Sizilien der deutsche Kaiser Friedrich II. Weil die Menschen dort in dem fremden Land anders sprachen als bei ihm zu Hause in Deutschland, fragte er sich oft: „Welche Sprache ist eigentlich die richtige Sprache? Welche Sprache fangen die Menschen von selbst an zu sprechen?"

Um dies zu erfahren, versuchte er Folgendes: Er schickte seine Diener in ein Findelheim, in dem Kinder versorgt und großgezogen wurden, die von ihren Müttern verlassen worden waren. Die Diener sollten ihm fünfzig Säuglinge bringen, die erst wenige Tage oder Wochen alt waren, die also noch nicht sprechen konnten.

Der Kaiser bestellte für jedes Kind eine Pflegerin, die dem Kind alles geben sollte, was es zum Großwerden brauchte: Essen, Trinken und Kleidung. Nur eines durfte die Pflegerin dem Kind nicht geben: Liebe! Kein liebes Wort, kein freundliches Anlachen!

Welche Sprache haben die Kinder erlernt? Die Geschichte erzählt: keine! Alle Kinder blieben stumm. Sie lernten weder sprechen noch spielen noch arbeiten. Sie lernten auch nicht, sich zu freuen, und sie lernten nicht zu danken! Sie lernten nicht zu denken und zu fragen und sie lernten nicht zu lieben. Sie verkümmerten.

Die Geschichte erzählt, dass keines von ihnen groß geworden ist.

Überliefert

Vom Ich zum Du

Den Sinn erhält das Leben
einzig durch die Liebe.
Das heißt: Je mehr wir
zu lieben und uns hinzugeben
fähig sind,
desto sinnvoller wird unser Leben.

Hermann Hesse

Nur wer liebend aus dem
Kreis des Ichs heraustritt,
zu einem Du findet,
findet das Tor
zum Geheimnis des Seins.

Gabriel Marcel

Woher sind wir geboren?
Aus Lieb.
Wie wären wir verloren?
Ohne Lieb.
Was hilft uns überwinden?
Die Lieb.

Johann Wolfgang von Goethe

„Wenn du meine Mutter gewesen wärest"

Wann, wie, wo, warum es mit ihm bergab ging, wird niemand restlos klären können. Ob seine Missetat von langer Hand geplant oder ob sie eine Kurzschlusshandlung war, konnte das Gericht nicht zweifelsfrei feststellen. Immerhin musste der Straftäter drei Jahre Jugend hinter Gitter verbringen.

Die Gefängnisleitung kümmerte sich um den jungen Mann, ließ ihn nicht einfach sitzen. Sie griff einen Vorschlag des Gefängnispfarrers auf und gab Albert Fischer (Deckname) die Möglichkeit, eine Brieffreundschaft zu suchen, falls sich eine Brieffreundin finden ließe. Und diese wurde gefunden: eine Ordensschwester.

Der erste Brief des Jugendlichen an die unbekannte Ordensfrau war erschütternd, für die Empfängerin fast umwerfend. Die Schwester musste zuerst Atem holen und ging mit dem Brief – was hätte sie Besseres tun können! – zum HERRN. Bei ihm kann man rasten (Mt 11,26–30), wenn das Leben einen Menschen zusammenzuschlagen droht, denn er weiß alles (1 Joh 3,20).

Es folgte zwischen den beiden eine lange Korrespondenz, zu deutsch: ein „Zusammen-aufeinander-Antworten". Die Ordensfrau, die den Gefangenen nie zu Gesicht bekam, erlaubte dem Unbekannten nach etwa einem Jahr, zu ihr Du zu sagen. Der junge Mann wusste nicht, wie ihm geschah. Was er dabei empfand, drückte er in den Worten aus: „Schade, dass du nicht meine Mutter bist!"

Das soll heißen: Wenn du meine Mutter gewesen wärest, dann wäre mein Leben anders verlaufen, dann wäre ich nicht so tief gesunken. Vielleicht!? Jedenfalls meinte der Gefangene gegenüber dem Gefängnispfarrer: „Zum ersten Mal in meinem Leben bin ich einem Menschen begegnet."

Reinhard Abeln

„Der eine lebt vom andern"

„Der eine lebt vom andern, für sich kann keiner sein", heißt es in einem bekannten Kirchenlied. Liebe lebt von dem kleinen Wörtlein „und": Ich und Du, Mann und Frau, Eltern und Kinder, Pfarrer und Gemeinde ... Das Leben wird zur Hölle, wenn das „und" durch ein „gegen" ersetzt wird. Dann beginnt der Kleinkrieg, aus dem die großen Kriege entstehen.

Reinhard Abeln

Einen Freund finden

Ein 19-Jähriger schrieb, ehe er in den Freitod ging, einen Abschiedsbrief. Triste Verse voller unerfüllter Wünsche und Sehnsüchte:

„Einmal werde ich unter den vielen einen Freund finden, der bei mir bleibt, der auf mich wartet, wenn ich fortgehe, der noch da ist, wenn ich ihn brauche, der unabgelenkt zuhört; er ist mir zugewandt – in Distanz und Liebe. Er hat Vertrauen zu mir; er erwartet Gutes und lässt sich nicht beirren durch mein Versagen. Er gibt mir Spielraum und Freiheit zu sein, der ich bin. Er knüpft seine Freundschaft nicht an Bedingungen. Er ist wahrhaftig und täuscht mich nicht; er sagt mir meine Fehler und Schwächen zur rechten Zeit, behutsam und hilfreich. Er wird mir verzeihen; er hat Sorge und Angst um mich, wenn ich verzweifelt bin und nicht den rechten Weg gehe. Er behält die Hoffnung, auch wenn ich sie aufgebe. Wenn ein anderer einen solchen Freund sucht, dann will ich ihm dieser Freund sein …"

Ein einziger SOS-Ruf, ein Schrei nach Zärtlichkeit, Anerkennung und Liebe!

Der Wunsch, angenommen zu werden, so sein zu dürfen, wie man ist. Ein uralter Wunsch aller Menschen: Dass es jemand geben möge, der einen versteht, der einen nicht ab-schreibt, der einen nicht fallen lässt, der einem die Stange hält – auch wenn es stürmt und brandet, auch wenn andere sich davonmachen.

Ein Schrei der Verzweiflung.

Menschen, die so in Not sind, brauchen mehr als beiläufige, billige Worte. Sie brauchen ein Du, einen Menschen, der willens ist, ihnen Zeit zu schenken, sie anzuhören, sie reden zu lassen, sie ausreden zu lassen.

Doch wer hat heute schon Zeit für den anderen – von den bezahlten Zuhörern (Psychotherapeuten) einmal abgesehen? Und wie wichtig wäre gerade das!

Auf einem amerikanischen Pfarrblatt hieß es einmal, für christliche Gemeinschaften eigne sich (typisch amerikanisch?) die „Look-Listen-Love-Methode"! Auf Deutsch: hinsehen, zuhören, lieben.

Bei aller Vorsicht gegenüber solchen Parolen, gemeint ist etwas Wichtiges und Richtiges: Wer andern helfen will, muss mit offenen Augen und Ohren auf den andern zugehen, muss ihn an-hören und ihm Liebe schenken. Nur so kann der andere aus seiner Einsamkeit und Verzweiflung geholt, nur so zum Jasagen (zurück)-gewonnen werden.

Adalbert Ludwig Balling

Warum nur die Guten lieben?

„Ich glaube, dass es nur zwei Nationalitäten gibt – gute und schlechte Menschen … Ihr seid Amerikaner. Wir sind Russen. Gute Amerikaner werden mir aber immer näherstehen als schlechte Russen und für Sie, dessen bin ich sicher, werden gute Russen schlechten Amerikanern vorzuziehen sein!" So schrieb der russische Dichter Jewtuschenko an die amerikanische Schriftstellerin Olga Carlisle.

Es klingt gut. Es liest sich gut. Zwei Nationalitäten. Gute und Böse. Hier und dort. Sich auf die Seite der Guten schlagen, ist besser, als es mit den bösen Landsleuten halten. Es hört sich prima an. Es trägt den Hauch von Großzügigkeit und Weltoffenheit.

Und doch, irgendwie schmeckt mir dieses Wort des russischen Dichters nicht so recht. Warum nicht? Schwer zu erklären. Aber vielleicht komme ich darauf, wenn ich mir vorstelle, wie es klänge, wenn ich statt Russen und Amerikaner Schwarze und Weiße einsetzen würde. Wie würde ich dann reagieren? Genauso?

Leider ist dem bei vielen von uns nicht der Fall. Wir machen immer noch, auch nach x Jahren der feierlichen Erklärung der Menschenrechte durch die UNO-Staaten, einen großen Unterschied zwischen Weißen und Schwarzen, Gelben und Braunen …

Alle schönen Beteuerungen helfen uns nicht weiter, wenn wir nicht ernst machen mit dem einen Gebot, das Gott uns als das größte und wichtigste hingestellt hast. Alle schöngeistigen Formulierungen der Dichter und alle diplomatisch eingewickelten Sprüche der Politiker sind null und nichtig, wenn uns die Liebe fehlt. Die Liebe zu den Menschen. Zu allen Menschen. Ob gut oder böse. Ob weiß oder schwarz.

Warum soll ich nur die Guten lieben? Warum nur die Schönen mögen? Warum „Nationalitäten" sehen zwischen Guten und Bösen? Ist es nicht so, dass wir alle mal böse sind – eine Zeit lang? Dass wir alle mal gut sind – ein Minütchen lang. Dass wir alle gut sein möchten – immer!

Adalbert Ludwig Balling

Der eine lebt vom andern

„Der Mensch", so sagt ein Sprichwort aus West-afrika, „ist die beste Medizin für den Menschen." Man kann sich selbst nur annehmen, wenn man erfährt, dass man von anderen angenommen ist, wenn dies auch optisch und akustisch zum Ausdruck kommt. Ein Leben ohne Echo, ohne „Sonne" ist kaum zu ertragen!

Je geringer die Geborgenheit ist, umso größer ist die Versuchung des Menschen, nach Ersatzlösungen zu greifen. Eingeweihte sehen in den Süchten – heißen sie, wie sie wollen – eine „Du-Prothese". Die Betroffenen flüchten sich in ein Es, weil ihnen die verlässliche Geborgenheit in einem Du, in einem anderen Menschen versagt bleibt.

Wenn wir uns allein und verlassen wähnen, wenn das Leben sich mühsam hinzieht, helfen nicht (nur) Natur und Arbeit. Dann bedürfen wir des anderen. Wir brauchen seine Nähe und Wärme, sein Verständnis und seine Liebe, um menschenwürdig leben zu können.

Der andere ist für mich ein „Ort der Geborgenheit", gleichsam der Baum, in dessen „Schatten" ich mich niederlassen kann, um meinen eigenen „Schatten" auszuhalten.

Reinhard Abeln

Ich wünsche dir …

Ich wünsche dir Menschen,
die dich mögen
und bejahen,
die dir Mut machen,
dich anregen,
die dir Vorbild sein können,
die dir weiterhelfen,
wenn du traurig bist
und müde und erschöpft …

Ich wünsche dir Menschen,
die es gut mit dir meinen.

Adalbert Ludwig Balling

Der Refrain der Beatles

Was die Beatles einst in einem immer wiederkehrenden Refrain gesungen haben, ist ein Thema, das nie aufhört, Menschen zu beschäftigen: „All you need is love" – was wir brauchen, ist Liebe.

Wie viele Menschen sind auf der Suche danach und wie viele andere haben große Enttäuschungen hinter sich. Ich meine nicht nur in den partnerschaftlichen Beziehungen, in denen die Liebe doch gewinnen will und oft verliert.

„All you need is love" – was wir brauchen, ist Liebe: Im Grunde ist es das Geheimnis des Zusammenlebens überhaupt. Wir können zwar sehr viel heutzutage, aber was fangen wir damit an?

Ich habe in paar Zeilen vor mir liegen, da heißt es:

> „Wir kennen die Sonnensysteme
> und rechnen in Lichtjahren nur.
> Jedoch die Wege zum Bruder
> sind immer noch bar jeder Spur.
> Wir kennen die Sprache der Tiere
> und wissen um ihren Instinkt.
> Jedoch unsere Schwester verstehen,
> ist das, was uns selten gelingt.
> Wir können uns heute alles kaufen,
> wir leben in Reichtum und Glanz.

Jedoch unserem Bruder zu helfen,
reicht plötzlich das Geld nicht mehr ganz.
Wir können Atome spalten
und staunen, was Menschengeist schafft.
Jedoch unseren Nächsten zu lieben,
geht immer noch über die Kraft."

So ist es doch! Freilich, was heißt es, seinen Nächsten lieben? Da fragt einer den anderen: „Sag mir, Freund, liebst du mich?" Und er antwortet: „Natürlich liebe ich dich." Und da sagt der eine wieder: „Weißt du auch, was mir wehtut?" Und der andere: „Wie kann ich wissen, was dir wehtut?" Und dann wieder der eine: „Wenn du nicht weißt, was mir wehtut, wie kannst du dann sagen, dass du mich liebst?"

Liegt darin nicht tatsächlich unser Problem? Wir wissen zu wenig voneinander, vielleicht wissen wir auch manchmal zu wenig von uns selbst. Beides gehört ja zusammen und beides möchte von der Liebe her angegangen werden und nicht mit einem Seziermesser.

Darum hat Jesus einmal gesagt; „Du sollst deinen Nächsten lieben wie dich selbst." Es ist auf eine andere Weise zum Ausdruck gebracht, was die Beatles in ihrem Refrain für uns gesungen haben: „All you need is love" – was wir brauchen, ist Liebe.

Also, reden wir nicht mehr darüber. Bedenken und praktizieren wir, was ein dunkelhäutiger Junge auf seinem T-Shirt schrieb: „We all need someone to kiss away ours tears" – wir alle brauchen jemand, „der unsere Tränen wegküsst"; jemand, der uns den Kummer nimmt; jemand, der uns liebt.

Johannes Kuhn

Wussten Sie schon …?

Der Schriftsteller Willhelm Willms fragt mit Recht: „Wussten Sie schon, dass die *Nähe* eines Menschen gut machen, böse machen, traurig und froh machen kann; wussten Sie schon, dass das *Wegbleiben* eines Menschen sterben lassen kann, dass das *Kommen* eines Menschen weiterleben lässt?"

Ein kleines Beispiel kann das Gesagte verdeutlichen: Im Februar 1945 wurde ein Dorf in Oberschlesien von den vorrückenden Russen beschossen. Es gab ein fürchterliches Durcheinander. Beim Aufblitzen der Granaten sah man Kinder, Frauen, Greise, Soldaten.

In diesem Wirrwarr hatte eine Mutter ihre drei kleinen Kinder verloren. Endlich, als wieder eine Granate aufleuchtete, sah sie ihre drei Kleinen. Sie nahm die Kleinste auf die Arme, die die Mama umhalste; die anderen Kinder umfassten die Mutter an den Knien.

Es war ein Bild unwahrscheinlicher *Ruhe* – mitten in dieser entsetzlichen Hölle. Die Mutter hatte kein Wort gesprochen, aber sie war „da".

Der Mensch ist *kein Einzelwesen*, das in sich ruht, sondern bedarf, um heil zu bleiben und zur Reifung zu kommen, der Hilfe, der Nähe, der Zuwendung und des Zuspruchs eines anderen. Wo ihm dieses gänzlich abgeht, verkümmert und vereinsamt er, verblutet er an seinen Wunden und verbittert. Und wo er solche Hilfe stolz abweist, wird er hart, kalt, herrisch, selbstsüchtig, ein Tyrann.

Reinhard Abeln

Öffne mir …

Ich klopfe an deiner Tür
Ich klopfe an deinem Herzen
um einen Rastplatz zu finden
und etwas Menschlichkeit
Warum schickst du mich weg?
Öffne mir …

Warum fragst du mich
ob ich aus Afrika komme
ob ich aus Amerika komme
ob ich aus Asien komme
ob ich aus Europa komme
Öffne mir …

Ich bin nicht schwarz
Ich bin keine Rothaut
Ich bin kein Gelber
Ich bin kein Weißer
Ich bin nur ein MENSCH
Öffne mir …

Öffne mir die Tür
Öffne mir das Herz

Gott hat uns erschaffen
Gott hat uns erlöst

GOTT WURDE MENSCH
ein Mensch wie du und wie ich

Aus Brasilien

Ohne Liebe ist das Leben trostlos

Wer verzweifelt ist, braucht einen Menschen, der ihn mag, der auf ihn eingeht. Er braucht jemanden, der sich ihm zuneigt und ihm das rechte Wort sagt, der an ihn glaubt, ihm traut und vertraut. Mit anderen Worten: Was not tut, ist eine menschliche Begegnung. Diese Wahrheit ist uralt. Im Trott des Alltags gerät sie leicht in Vergessenheit.

Ein afrikanisches Sprichwort enthält eine tiefe Lebensweisheit: „Die beste Medizin für den Menschen ist der Mensch." Nicht Sachen, Erfolge, Ansehen, Prestige oder Geld helfen dem, der Kummer hat oder enttäuscht ist. Helfen kann nur ein Du – in Ansprache und Aussprache, durch Mitfreuen und Mitleiden: ein „Mensch mit Herz".

Leider muss man heute herzliche Menschen oft mit dem Fernglas suchen. „Wenn bei einem Menschen das Herz einmal hart ist, so ist's aus; was er auch sonst Gutes hat, man kann nicht mehr auf ihn zählen", schreibt der große Schweizer Pädagoge Johann Heinrich Pestalozzi (1746–1827).

Ein Kalenderwort sagt nicht das Dümmste:
Ein bisschen mehr Liebe – und weniger Streit,
ein bisschen mehr Güte – und weniger Neid,
ein bisschen mehr Wir – und weniger Ich,

ein bisschen mehr Kraft – nicht so zimperlich,
und viel mehr Blumen während des Lebens,
denn auf den Gräbern, da sind sie vergebens!

Es gibt eine „Heilung durch Nähe", wie erfahrene Lebensberater zu sagen wissen. Nur über ein Du kann der Mensch zum Ich werden, sagt der jüdische Religionsphilosoph Martin Buber (1878–1965). Das heißt: Nur wer Zuneigung erfährt, kann ganz Mensch werden. Nächstenliebe ist nicht nur ein Gebot, sondern macht das Menschsein erst möglich. Man muss kein Genie sein, um sie schenken und verschenken zu können. Liebe ist lernbar.

Reinhard Abeln

Wer nur auf sich sieht …

Wir haben eine herzlose Redensart in unserem Wortschatz: „Jeder ist sich selbst der Nächste." Wer sich selbst der Nächste ist, geht ungerührt am anderen vorüber. Damit errichtet er Mauern, die Menschen von Menschen trennen und Beziehungen zerbrechen lassen. In einem modernen Theaterstück heißt es: „Nichts geht mehr. Nur auseinander noch …"

Der Leiter einer Fürsorgeinstitution berichtet, viele Menschen küssten die Ansager und Schauspieler am Fernsehschirm. Warum? Weil diese Menschen niemanden haben, der ihnen sein Herz schenkt, der freundlich und gut zu ihnen ist. Es fehlt ihnen das aufmunternde Wort, das lächelnde Gesicht eines Mitmenschen. Und weil kein Mensch ein Leben ohne Liebe aushält, stellt sich die Ersatzhandlung ein: Die Vereinsamten küssen den Fernsehapparat, begreiflich und tragisch zugleich!

Liebe – das meist gebrauchte, meist missbrauchte Wort, ist die kürzeste Brücke von Mensch zu Mensch. Sie ist das Größte, das es gibt (1 Kor 13,13). Wo sie verschenkt wird, entsteht eine Kettenreaktion der Güte. Oder anders ausgedrückt: Durch mich schenkt Gott dem anderen ein gutes Wort, ein Dankeschön, ein wenig Anerkennung, etwas Geborgenheit, in und außerhalb der Familie.

Reinhard Abeln

Ohne Liebe geht nichts

Ohne Liebe geht nichts:
Ohne Liebe wird kein Kind erzogen;
ohne Liebe hält keine Ehe;
ohne Liebe gedeiht keine Gemeinschaft
von Gleichgesinnten.
Die Liebe ist der Angelpunkt,
die Drehscheibe jeder
menschlichen Gemeinschaft.

Reichtum, Macht, Ehre –
sie mögen noch so gewaltig sein,
sie ändern nichts
und führen auch nicht
zu einem besseren Leben,
wenn sie nicht getragen werden
von der Liebe
der Menschen zueinander,
von der Liebe der Menschen zu Gott
und von Gottes Liebe zur
gesamten Schöpfung.

Adalbert Ludwig Balling

Niemand hatte sie besucht

Verzweifelt klingelte der Sohn an der Haustür seiner 50-jährigen Mutter. Als auch Stunden später niemand öffnete, brach er die Tür auf und erschrak. Seine Mutter lag auf dem Boden im Wohnzimmer, tot. Wie die ärztliche Untersuchung ergab, war die Mutter bereits seit vier Monaten tot.

Den Nachbarn war nichts aufgefallen. Niemand hatte die Frau während der letzten Monate besucht, obwohl man wusste, dass sie krank war. Jeder hatte es vorgezogen, sich „aus diesem Fall" herauszuhalten.

Das Beispiel macht deutlich, dass wir keinen Menschen einfach aus dem Raum der Liebe hinausstoßen dürfen. Jeder Mensch bedarf der Nähe und Zuwendung seines Mitmenschen, wenn er nicht gänzlich vereinsamen will.

Besonders dem Christen ist der brüderliche Dienst am kranken, einsamen und verlassenen Mitmenschen aufgetragen. Gerade durch ihn will Gott am Kranken und Einsamen ein Zeichen der Liebe tun, ihm nahe sein und sein Heil wirken. Auch heute.

Reinhard Abeln

Hunger nach Liebe

Nur wer geliebt wird,
hat echte Chancen,
gesund zu werden
und heil zu bleiben.
Nur wer selber liebt,
schafft Oasen
im Sandmeer der Wüste.

Adalbert Ludwig Balling

Nichts schadet
dem Menschen mehr,
als von niemandem
geliebt zu werden.

Caterine Benoll

Überall, wo die Liebe
Zugang findet,
verwandelt sich unser
Leben in Brennstoff.

Madeleine Delbrel

Die Menschen hungern
nach Liebe,
nach verstehender Liebe;
die verstehende Liebe
ist die einzige Antwort
auf Einsamkeit und Armut.

Mutter Teresa

Gehen wir aufeinander zu

Die Liebe hat Hände, um zu helfen,
sie hat Füße, um zu den Armen
und Notleidenden zu eilen.
Sie hat Ohren, um die Bitten
und Rufe der Elenden zu hören.
Vor allem aber hat sie ein Herz,
das lieben und segnen kann.

Aurelius Augustinus

Hab für jeden ein gutes Wort!

Das Wort ist die Brücke, über die wir zueinander finden können. So wie böse, hässliche Worte trennen, so können gute Worte verbinden, aufbauen, trösten, erfreuen, beglücken, einfach das Leben schöner machen.

Haben wir nicht alle schon erlebt, wie ein gutes Wort – im richtigen Moment gesprochen – wahre Wunder wirken kann? „Ein gutes, liebes Wort ist immer ein Lichtstrahl, der von Seele zu Seele geht", sagt der Maler Hans Thoma (1839–1924).

Wir sind nicht zum Alleinsein geboren, die menschliche Natur verlangt nach dem Du. Ob wir es in der Gemeinschaft von Familie, Freunden, Gleichgesinnten oder Fremden finden, immer beruht die Bindung auf dem Austausch von Gedanken und Worten.

Ein englisches Sprichwort sagt: „Ein gutes Wort kostet nicht mehr als ein böses." Warum lassen wir dann so viele Gelegenheiten vorbeigehen, ein gutes Wort zu sagen?

Vor allem als Christen sollten wir immer wieder eine Lebensweisheit überdenken und praktizieren, die sich bereits im Alten Testament – im Buch der Sprichwörter (12,25) – findet: „Kummer im Herzen bedrückt den Menschen, ein gutes Wort aber heitert ihn auf." Diese Weisheit ist nicht erst eine Erfindung der modernen Medizin.

Gleich heute können wir jemandem ein gutes Wort sagen, unserem Partner, dem Nachbarn, einem Fremden. Eingedenk der Worte Jesu: „Alles, was ihr von anderen erwartet, das tut auch für sie" (Mt 7,12)!

Reinhard Abeln

Wundertätige Worte

Von einem guten Wort
kann man lange leben;
drum gib es den Menschen,
wenn sie es verdienen;
sie haben es nötig,
dass ihre Mitmenschen sie annehmen;
anders lebt es sich schwer.
Fürchte nicht, du könntest
ihnen den Kopf verdrehen;
sie bekommen täglich
ihr Maß an bösen Worten.

Mieczyslaw Malinski

„Wir lieben einander so sehr …"

Mutter Teresa hat einmal berichtet, dass zwei junge Inder in das Haus der Schwestern gekommen seien, um einen großen Geldbetrag zu übergeben. Mit der Spende sollte Nahrung für die Armen von Kalkutta gekauft werden.

Als Mutter Teresa etwas überrascht war, von Hindus so viel Geld zu bekommen, antworteten die beiden jungen Leute: „Wir haben vor zwei Tagen geheiratet, hatten aber schon seit Längerem beschlossen, uns keine Hochzeitskleidung zu kaufen und auch keine große Feier zu veranstalten, sondern das gesparte Geld Ihnen zu übergeben – für die Armenspeisung …"

Das junge indische Paar gehörte übrigens einer hohen Kaste an – und als später bekannt wurde, dass es der katholischen Nonne geholfen hatte, löste dies in Kalkutta schier einen Skandal aus.

Nach Wochen fragte Mutter Teresa die beiden, als sie gerade wieder einmal bei den Schwestern vorbeischauten, warum sie das getan hätten.

Ihre Antwort war kurz und klar: „Wir lieben einander so sehr, dass wir unser gemeinsames Leben damit beginnen wollten, anderen zu helfen …"

Adalbert Ludwig Balling

Das Foto der jungen Frau

Da gibt es das Foto einer jungen Frau. Es steht auf dem Schreibtisch einer bekannten Familie und stimmt den Betrachter *nachdenklich*. Das Gesicht der Frau wirkt ängstlich. Die Augen blicken geradeaus und drücken keine Freude am Entdecken, am Spiel des Lebens aus. Der Mund ist ein wenig geöffnet. Aber nicht, um zu sprechen oder zu lächeln.

Was mag im Leben dieser Frau alles geschehen sein, dass sie so *ängstlich* und *stumm*, so *freudearm* und *einsam* geworden ist? Wie viele Bitten sind unerfüllt geblieben, wie viele Fragen unbeantwortet, wie viele Tränen unbeachtet? Was haben Menschen dieser Frau wohl angetan? Was hat sie sich selber angetan?

Doch viel wichtiger ist die Frage: Was muss geschehen, dass diese Frau wieder lachen, dieser Mund wieder sprechen und fragen kann? Es ist leicht zu sagen: „Mach ein freundliches Gesicht!" oder: „Reiß dich zusammen!"

Nein, zuhören und verstehen, Geduld haben und verzeihen, schenken und lieben – das ist es, was die Angst löst und die Tür zum Leben öffnet. Die Frau braucht einen *Menschen*, einen lieben Gesprächspartner!

Reinhard Abeln

Und einer nach dem andern umarmte ihn ...

Ein amerikanischer Biologe, der u. a. auch in Himalaya-Regionen von Ost-Nepal Feldforschung trieb, berichtete einmal von seinem einheimischen Koch. Dieser habe während der Expedition einen Brief erhalten, in dem stand, dass seine Frau ihn wegen eines anderen Mannes verlassen habe. Heiße Tränen schluchzend, sei der Mann aufgestanden, habe allen Anwesenden den Brief vorgelesen und alle hätten dagestanden und mit ihm geweint. Einer nach dem andern habe ihn umarmt und so ihm Sympathie und Wohlwollen bezeugt.

Wie ganz anders wir Abendländer! Wir hätten vielleicht vor Wut im Stillen geweint und uns nach außen nichts anmerken lassen.

Die Sherpa von Nepal hingegen sind ganz natürlich, offen, menschlich. Sie messen allen Ereignissen des Alltags große Bedeutung zu; sie wissen, wenn Menschen in Not sind, darf man sie nicht alleinlassen.

Wenn Menschen Leid erfahren, ist es angebracht, mitzuleiden oder doch mitzufühlen. Dieses taktvolle Fingerspitzengefühl, diese Sensibilität ist nötig, wenn man anderen wirklich helfen will.

Die Haltung Jesu gegenüber seinen Mitmenschen war von solchem Taktgefühl, von solcher

Zärtlichkeit getragen. Jesus war behutsam und einfühlend – nicht nur gegenüber Kindern, auch gegenüber „öffentlichen Sündern", Zöllnern, Dirnen – und Kranken aller Art ...

Adalbert Ludwig Balling

… und das jeden Tag!

Wenn du dir vornähmst,
alle Tage deines Lebens
einem deiner Mitmenschen
etwas Gutes zu tun –
und wäre es nur, ihm ein
freundliches Wort zu sagen –
und tätest du das jeden Tag,
und wir alle täten es,
wie anders sähe die Welt aus!
Und wenn die anderen
es nicht tun, sollten wir
nicht wenigstens damit
anfangen?

Vinzenz Pallotti

Der beinlose Fuchs und der Tiger

Vor langer Zeit, da sah ein Mann im Wald einen Fuchs, der alle vier Beine verloren hatte. Und er wunderte sich, dass das Tier, das keine Beute mehr jagen konnte, noch lebte. Doch dann erblickte er einen Tiger, der Wild gerissen hatte. Nachdem er sich satt gefressen hatte, überließ er den Rest seiner Beute dem beinlosen Fuchs.

Anderntags ernährte Gott den Fuchs abermals mit Hilfe des Tigers. Der Mann war erstaunt über die Güte und Sorge Gottes gegenüber dem beinlosen Fuchs. Bei sich sagte er: „Auch ich werde mich in einer gemütlichen Ecke ausruhen und den Herrn für mich sorgen lassen. Wenn ich nur Vertrauen habe, wird er mir schon das Nötige geben."

Viele Tage vergingen, aber es geschah nichts,und der Mann saß immer noch in seiner Ecke. Er war dem Hungertod nahe. Da vernahm er eine Stimme: „Du bist auf dem falschen Weg. Folge dem Beispiel des Tigers und nimm dir nicht den behinderten Fuchs zum Vorbild!"

Später traf der Mann auf der Straße ein kleines frierendes Mädchen. Sie zitterte in ihrem dünnen Kleid und hatte schon lange nichts mehr zu essen bekommen. Da wurde er zornig und beklagte sich bei Gott: „Wie kannst du das zulassen? Den Fuchs erhältst du am Leben, aber dieses kleine Mädchen lässt du hungern und frieren. Warum tust du nichts dagegen?"

Eine Weile sagte Gott nichts. Doch in der Nacht antwortete Gott dem Mann: „Ich habe etwas dagegen unternommen, ich habe dich geschaffen!"

Nach einer arabischen Fabel

Begrüssungsformel bei den Shona

Bei den Schwarzen im südlichen Afrika
gibt es, je nach Stamm verschieden,
sehr originelle Begrüßungsformeln.
In der Shona-Sprache/Simbabwe
begrüßt man sich zum Beispiel morgens,
wechselweise, folgendermaßen:
Guten Morgen! Guten Morgen!
Wie hast du geschlafen?
Ich habe gut geschlafen,
wenn du auch gut geschlafen hast. –
Ich habe gut geschlafen …

Ich habe gut geschlafen,
wenn du auch gut geschlafen hast!
Klingt das für uns Europäer nicht etwas
eigenartig? Man will Anteilnahme zeigen,
Mitgefühl, Mitsorge.
Man will den andern wissen lassen:
Du, ich hab dich so gern,
dass ich sogar bereit wäre,
auf meinen Schlaf zu verzichten,
wenn es dir nicht gut ginge;
notfalls wachte ich mit dir
in deiner schlaflosen Nacht …

Adalbert Ludwig Balling

Gehen wir aufeinander zu

Es gibt keinen Menschen, der nicht einen anderen bräuchte, dem er alles sagen kann, der ihn verstehen will, der hinhören kann und durch das Hinhören den Schmerz löst, der ihn aus seiner Verkrampfung befreit. Wer einem anderen begegnet, sich bei ihm aussprechen kann, fühlt sich nachher erleichtert, sieht den Alltag wieder durch eine andere Brille, erfährt, dass das Leben auch „schön" sein kann.

Wie wichtig ein Partner ist, den wir ansprechen dürfen, bei dem wir uns aussprechen können, dem unser Wohlbefinden ein Anliegen ist, geht aus einem Brief hervor, den Dietrich Bonhoeffer (1906–1945) am ersten Weihnachtstag 1943 aus dem Gefängnis an einen Freund geschrieben hat. Darin heißt es: „Noch zehre ich fast ununterbrochen von deinem Besuch. Es war wirklich eine Notwendigkeit. Es gibt einen geistigen Hunger nach einer Aussprache, der viel quälender ist als der leibliche. Was haben wir in den eineinhalb Stunden alles berührt und voneinander zu erfahren bekommen! Ich danke dir sehr dafür."

Wie wichtig die Begegnung, das Aufeinander-Zugehen ist, hat schon der heilige Kirchenlehrer Aurelius Augustinus (354–430) gewusst. Er hat das schöne, lebenswichtige Wort geprägt:

„Wer einen Freund hat, der bete, dass er ihm bleibe! Wer keinen hat, der bete, dass er ihn erhalte!"

Gehen wir darum – möglichst oft und im rechten Augenblick – aufeinander zu, begegnen wir einander, werden wir füreinander zum Geschenk! Geben wir uns aus der Hand, damit wir freihändig für andere werden! Wenn wir zum Geschenk für andere werden, durchpulst uns das Leben. Und wir werden die beglückende Erfahrung machen: Gott ist uns dort nahe, wo wir einander begegnen!

Reinhard Abeln

Nur eine bescheidene An-Frage

Hast du je deinen Mantel mit einem Frierenden geteilt?

Hast du je einen Kriminellen im Gefängnis besucht?

Hast du je einer Straßendirne ein freundliches Wort geschenkt?

Hast du je einen Euro weniger für Kosmetik ausgegeben, weil du von Millionen Hungernden in Ostasien oder Afrika erfuhrst?

Hast du je eine Zigarette weniger geraucht, weil du von der Dürrekatastrophe in der Sahel hörtest?

Hast du je deine Bequemlichkeit beschnitten, weil du über die asozialen Verhältnisse in den Favelas von Rio de Janeiro informiert wurdest?

Hast du je auch nur mit dem Gedanken gespielt, Krankenschwester oder Krankenpfleger in einem Leprahospital zu werden?

Hast du je einem Müden die Füße gewaschen?

Hast du je einem Bettler deine warme Stube angeboten?

Hast du je zu Weihnachten einen „Gastarbeiter" oder Asylanten zu Tisch eingeladen?

Hast du je …?

Adalbert Ludwig Balling

Die Blume in der Wüste

Eine Legende erzählt: Es war einmal eine kleine Blume, die mitten in der Wüste stand. Täglich wartete sie auf einen Regentropfen. Immer hatte man ihr erzählt, wie wichtig und schön der Regen sei. Doch wenn es wirklich nach Regen roch, kamen die Geier und fingen alle Hoffnung ab. Mit Mühe hielt sich die kleine Blume im lockeren Boden und hatte einfach Angst: Angst vor der sengenden Hitze, Angst vor dem nächsten Sturm.

Ein Kolibri sah ihre Traurigkeit und sagte dies den anderen Tieren weiter. Der Stier hatte kein Interesse. Für ihn galt nur, was stark ist. Auch der Bernhardiner blieb kalt, ihn rührte nichts. Und die Elster, die immer so große Töne schwang, sagte, sie habe zu viele Termine und wirklich keine Zeit.

Da war der Kolibri verzweifelt. Denn was sollte er, ausgerechnet der kleinste unter den Vögeln, tun? Da schwirrte er kurz entschlossen zu den Ameisen und berichtete ihnen von den großen Traurigkeiten der Blume. Ohne zu zögern, bildeten die kleinen Tiere eine lange Kette, schleppten Grassamen und Früchte bis an die Wurzel des Kummers, benetzten alles ein wenig mit Tau und es dauerte nicht lange: Da wuchs Leben mitten in der Wüste und die kleine Blume entwickelte sich zu einem strahlenden Glanz, den ihr niemand zugetraut hatte.

Die Geschichte zeigt sehr schön: Wer weiterleben will, braucht andere, die auf ihn zugehen und ihm Liebe und Hoffnung schenken.

Überliefert

Gut-Sein und Wohl-Wollen

Kein Mensch ist so arm,
keiner so mittellos, keiner so schwach,
dass er nicht fähig wäre,
Gutes zu tun.
Jeder kann – auf seine Weise –
andere am Gutsein teilhaben lassen.

Nicht jeder ist reich,
nicht jeder hat finanzielle Fettpolster,
nicht jeder kann Körbe voller Gaben
vor die Türen seiner Mitmenschen stellen.
Manchen ist es nicht vergönnt,
materielle Geschenke zu machen.

Aber darauf kommt es beim Gutsein
nicht an – nicht in erster Linie.
Wichtiger ist, dass wir
anderen Gutes wünschen wollen,
dass wir ihnen ein liebes Wort sagen,
dass wir sie liebevoll anlächeln.

Gut-Sein und Wohl-Wollen
kostet kein Geld –
wohl kostet es Liebe.
Und Liebe sollte man verschenken –
freigebig, ohne zu zählen,
ohne abzuwägen, ohne Hintergedanken.

Adalbert Ludwig Balling

Das schönste Erlebnis

Wie schön ist es, wenn wir hin und wieder einem Menschen ein kleines Geschenk machen! Das Geschenk muss nicht viel gekostet haben. Entscheidend ist nicht der *Waren*-Wert, sondern der *Zeichen*-Wert.

Es kommt darauf an, dass der andere spürt: Da ist jemand, der mich mag, der mir eine Freude bereiten will. Das eigentliche Geschenk ist nicht das Geschenkte, sondern der Schenkende!

Mit Recht sagt Josef Pieper, Philosoph aus Münster in Westfalen: „Liebe ist das *Ur-Geschenk*. Alles, was uns sonst noch unverdient gegeben werden mag, wird erst durch sie zum Geschenk." Wer nicht liebt, verfehlt sein Wesen. Er mag viel erreichen, lebt jedoch am Eigentlichen vorbei.

Auf die Frage, was in den langen Jahren seiner Haft das tiefste und schönste Erlebnis mit Menschen gewesen sei, antwortete ein um seines Glaubenszeugnisses willen eingesperrter Bischof: „Einmal steckte mir der Friseurgehilfe einen frischen *Apfel* in die Tasche meines Sträflingsanzuges." Nur ein Apfel – aber welch eine Wirkung!

Die *Liebe* ist es, die einen Gegenstand zum Geschenk erhöht! Mit dem Buch oder den Blumen, die wir gekauft haben, sagen wir dem anderen: „Ich denke an dich, ich mag dich. Ich bin glücklich, dass es dich gibt, dass du da bist, dass du *so* da bist." Unser Geschenk ist ein Zeichen unserer Liebe. Selbst das unscheinbarste Geschenk kann eine riesengroße Freude zur Folge haben!

Reinhard Abeln

Mit-Mensch

Im Du-sagen-Dürfen,
in der Hinwendung zum Du,
im Dialog mit dem anderen
findet der Mensch zu sich selbst.
Durch das Du wird er zum Ich.

Wer den Mitmenschen ignoriert,
totschweigt,
miss-achtet,
ver-achtet –
stellt sich selbst ein Bein.

Kein Mensch kann auf Dauer
Mensch bleiben,
wenn er nicht zuvor Ja sagt
zum Du, zum anderen.
Keiner kann mehr Mensch werden,
ohne mehr Mit-Mensch zu werden.

Adalbert Ludwig Balling

Mehr gehen

Wenn die Menschen mehr gingen,
ginge es ihnen besser!

Seume, der Dichter, hat Recht.
Wenn die Menschen mehr
aufeinander zugingen,
ginge vieles viel besser.

Wenn die Menschen mehr zu Fuß gingen,
kämen sie sich näher.

Wenn die Menschem mehr gingen
– zu Fuß –,
wären sie gesünder.
Vielleicht auch gelassener
und rücksichtsvoller …

Adalbert Ludwig Balling

Füreinander Sonne sein

Liebe ist wie ein Korb
mit fünf Broten
und zwei Fischen;
sie ist nie genug,
solange du nicht anfängst,
sie zu verschenken.

Aus England

Was immer aus Liebe geschieht,
wandelt sich in Frucht.

Thomas von Kempen

Die Welt besteht
aus lauter Gelegenheiten
zur Liebe.

Sören Kierkegaard

Nicht müde werden;
füreinander Sonne sein –
Tag für Tag.

Phil Bosmans

Wer liebt, findet immer
im anderen einen Anlass,
ihn zu bewundern.

Frère Roger Schutz

Wer auf die Mitmenschen zugeht,
wer ihnen die Hand reicht,
wer ihre Sorgen und Leiden teilt,
wer sich mit-menschlich verhält,
findet das Leben lebenswert.

Adalbert Ludwig Balling

Wo keine Liebe ist,
bringe Liebe hin!

Johannes vom Kreuz

Liebe kann Wunder wirken

Wer liebt,
schenkt her,
statt festzuhalten.
wer liebt,
schenkt Licht,
schenkt Freude,
schenkt Leben.

Adalbert Ludwig Balling

Das Wunder auf der Mühle

Es war einmal der Heiland in Gestalt eines armen Bettelmannes zu einem Müller gekommen und hatte um ein Almosen gebeten. Der reiche Müller wurde böse und sagte: „Geh nur, geh in Gottes Namen! Von deiner Art gibt es genug Leute! Ach so viele! Ich kann doch nicht alle satt machen!" Und er gab ihm nichts.

Zur selben Stunde kam ein Bauer zur Mühle. Der brachte einen Sack voll Weizen mit, um die Körner zu Mehl mahlen zu lassen. Der Bauer sah den Bettler, er hörte, was der Müller sagte. Da hatte er Mitleid mit dem Armen und sprach zu ihm: „Komm nur her! Ich will dir von meinem Weizen etwas geben."

Da hielt der Bettler seine Betteltasche dem Bauern entgegen und der Bauer schüttete ihm ein ganzes Maß voll Weizen hinein. Aber der Bettler hielt noch immer seinen Sack hin. „Willst du noch ein wenig?", fragte der Bauer. „Wenn Ihr so gütig sein wollt, ja", antwortete der Bettler. Da schüttete das Bäuerlein noch ein Maß voll in den Bettelsack. Aber der Bettler hielt noch immer seine Tasche offen. Das Bäuerlein schüttete noch ein drittes Maß hinein, sodass für ihn selbst nur wenig übrig blieb.

Der Müller stand dabei, sah das alles und dachte: „Ist das ein Dummkopf, dieser Bauer! So viel gibt er weg! Für das Mahlen werde ich auch noch einen Teil nehmen, was bleibt ihm dann noch übrig?"

Er nahm nun den Weizen des Bauern, schüttete ihn oben in die Mühle und fing an zu mahlen. Aber siehe da! Die Mühle mahlt und mahlt und hört nicht auf zu mahlen; es dauert eine Stunde, noch eine, und das Mehl rieselt unten immerfort in die Säcke und will nicht aufhören.

Wie seltsam! Noch immer mahlt die Mühle. Das Mehl rieselt und rieselt. Der Bauer wusste nicht, wie er so viel Reichtum nach Hause tragen sollte; aber er dachte in seinem Herzen: "Sollte der Bettler vielleicht der Heiland gewesen sein?"

Aus Russland

Werde, der du bist

Zuweilen stößt man auf Menschen, die wie Fragezeichen sind. Ich meine nicht ihr Äußeres. Dafür können die wenigsten etwas. Ich meine ihre innere Haltung, ihre Gesinnung. Sie scheinen unsicher zu sein, scheinen sagen zu wollen: Entschuldigen Sie bitte, aber ich kann wirklich nichts dafür, dass ich geboren wurde!

Was immer sie tun oder sagen – es sind schüchterne Fragen an sich und die Mitmenschen. Was immer sie sagen, wirkt zögernd und zaghaft.

Was sie brauchten, wäre nicht Mitleid, sondern Liebe. Damit sie lernten, zu sich selbst zu finden. Damit sie sich selbst annehmen lernten. Damit sie anfingen, sich so zu sehen, wie Gott sie gewollt hat, wie Gott sie ins Leben geliebt hat! Damit sie die werden, die sie sind – in den Augen Gottes.

Wer sich geliebt weiß, hat Chancen, ge-heilt zu werden und heil zu bleiben. Allein die Liebe vermag es, dieses Wunder zu wirken.

Adalbert Ludwig Balling

„Wenn man ihn lieb hat, beißt er nicht"

„Als ich eines Tages spazierengehe", erzählt ein Besucher, „steht da mitten in einer Straße ein großer Hund mit fürchterlichem Gebiss und wütenden Augen. Ich habe große Angst weiterzugehen. Da sehe ich, wie aus einem anliegenden Haus ein Junge kommt. Er geht auf den Hund zu, um ihn zu streicheln. Mir will das Herz stehen bleiben. Entsetzt rufe ich: ‚Halt, Junge, der Hund ist böse!' Doch unbekümmert dreht sich der Junge zu mir um und sagt: ‚Wenn man ihn lieb hat, beißt er nicht!' Da hatte ich meine Lektion."

Wir können aus dieser kleinen Geschichte viel lernen. Heute und morgen werden uns Menschen begegnen, die uns gegen den Strich gehen, mit denen wir einmal eine Auseinandersetzung hatten, denen wir am liebsten aus dem Wege gehen würden. Versuchen wir einmal, auch diese Menschen zu lieben, freundlich zu ihnen zu sein – und sie werden nicht beißen!

Es werden uns heute und morgen sehr gefährlich aussehende Menschen begegnen. Ihr Blick, ihr Gang, ihre Haltung, ihre Art zu reden, alles an ihnen wirkt abstoßend, stolz, überlegen. Aber auch für sie gilt: Wenn man sie lieb hat, dann beißen sie nicht!

Man kann über die Hundegeschichte gar nicht oft genug nachdenken.

Reinhard Abeln

Eine Liebesgeschichte ganz eigener Art
(frei nach Paulo Coelho)

Es war einmal ein mächtiger Sturm über dem Mittelmeer – und da, mitten im Auge des Orkans, wurde eine kleine Wolke geboren. Man ließ ihr keine Zeit, groß zu werden und zu wachsen; der starke Wind schob sie vor sich her – Richtung Afrika.

Doch kaum hat die kleine Wolke das Festland erreicht, da brannte auch schon die Sonne sehr mächtig auf sie herab – und als sie die schier endlose sandige Sahara unter sich erblickte, wurden ihre Ängste immer größer. Neuer Wind kam auf und trieb die kleine Wolke vor sich her, mitten im aufgewirbelten Sandstaub, immer weiter Richtung Süden, dem Urwald Zentralafrikas entgegen.

Hellhörig, neugierig und etwas eigenwillig, wie sie inzwischen geworden war, folgte sie nach langem Herumirren einer riesigen Sanddüne, die sie freundlich anlächelte und ihr zurief: „Weißt du denn nicht, dass wir hier in der Wüste jeden Regenschauer als einen freundlichen Gruß vom Paradies herbeisehnen?!"

Nein, murmelte die kleine Wolke, niemand habe ihr je davon erzählt!

„Nach jedem größeren Schauer verwandelt sich die Wüste in ein blühendes Meer von Kräutern und Blumen. Die wenigen Menschen, die sich gelegentlich hierher verirren, nennen dieses plötzliche Erblühen mitten in einer unendlichen Wüste das größte Wunder dieser Erde!"

Als die kleine Wolke das hörte, empfand sie große Sehnsucht nach diesem Wunder und sie fing an, die große Sanddüne zu lieben.

Diese fuhr nach längerem Schweigen fort: „Ich mag dich, kleine Wolke; ich habe dich sehr gern. Bitte, schenke mir wenigsten ein paar Tropfen!"

Da schämte sich die kleine Wolke ein wenig, weil sie so geizig mit ihren Wassertropfen umging, und fing ihrerseits an, die große Sanddüne zu lieben. Und während sie noch in ihrem Inneren darüber nachdachte, was sie nun machen solle, warnte die große Düne:

„Sobald du dein zauberhaft schönes wolkiges Haar in Regen verwandelst, wirst du sterben. Aber dann wirst du das Blumenparadies erleben, das Wunder aller Wunder dieser öden Landschaft! Anschließend wirst du sterben. Aber wenn du mich und die Meinen liebst, indem du dich opferst, wirst du ewig leben!

Denn die Liebe stirbt niemals …"

Da begann die kleine Wolke die große Düne mit ihren Tränen zu liebkosen und aus den anfänglichen Tropfen wurde ein gewaltiger Schauer. Dann erschien ein riesiger Regenbogen am Horizont – farbig und glänzend, wie man ihn schon lange nicht mehr beobachtet hatte.

Anderntags begann die Wüste zu keimen und zu sprossen und sich mit Blumen, Gräsern und Kräutern zu überziehen; so schuf sie eine Oase, wie sie an diesem Ort seit über 20 Jahren nicht mehr gesehen wurde.

Paulo Coelho meinte zum Abschluss seiner märchenhaften Erzählung: „All das, weil eines Tages eine kleine Wolke nicht zögerte, ihr Leben aus Liebe hinzugeben für andere."

Adalbert Ludwig Balling

Die Macht der Liebe

Ich möchte Ihnen hier von einer Großmutter erzählen, die für die junge Familie, um die sie sich kümmerte, zum Segen geworden ist.

Als dem jungen Ehepaar das erste Kind geboren wurde, stellte der Arzt eine einseitige zerebrale Lähmung (Gehirnlähmung) fest. Die Eltern brachten den Jungen zu verschiedenen Spezialisten mit der Bitte um Hilfe. Leider war der Befund jedesmal negativ: Das Kind würde nicht gehen und nicht richtig sprechen können.

Die Zeit verging. Als keine Heilung in Sicht war, begann sich die Oma mit dem Enkelkind zu beschäftigen. Von einem Physiotherapeuten (Heilgymnastiker) angeleitet, machte sie mit Thomas – so hieß der Junge – Bewegungsübungen. Sie sprach mit dem Kind, erzählte ihm Geschichten, baute Spielzeughäuschen, sang Kinderlieder für den Kleinen …

Es dauerte Monate, bis auch nur eine erste kleine Regung andeutete, dass Thomas sich freuen konnte. Die Großmutter war sich ihrer Sache sicher. Sie ließ sich auch durch Rückschläge nicht irremachen. Mit eiserner Disziplin führte sie die täglichen Turnübungen mit dem teilweise Gelähmten durch.

Unendlich mühsam und kaum merklich besserte sich der Gesundheitszustand des Jungen. Aber mit fünf Jahren war Thomas dann doch so weit, dass er in den Kindergarten gefahren werden konnte. Und ein Jahr später ging er sogar ohne Krücken dorthin.

Die Beine des Jungen sind leicht geschrumpft und sie werden es wohl auch bleiben. Aber sonst ist der Junge völlig normal, fröhlich und voller Lebenslust. Er wird demnächst auch die Schule besuchen können.

Was ist doch die Liebe für eine Macht! Hier lebte eine alte Frau jahrelang nur für die junge Familie mit ihrem kranken Kind. Sie gab ihre Ruhe werktags und sonntags hin, damit der Geist ihres Enkels erwachen und seine hilflosen Glieder erstarken konnten. Heute freut sie sich. Doch auch jetzt vergeht kein Tag, an dem sie nicht mit Thomas turnt, spielt oder spricht.

Reinhard Abeln

Was die Liebe vermag

Ein Wort der Liebe
kann Berge versetzen –
ein Wort des Verzeihens
kann neues Leben wecken –
ein Wort der Hoffnung
kann Wüsten zum Sprießen bringen –
ein Wort der Ermunterung
kann Oasen schaffen,
wo bislang trockene Wadis waren –
ein Wort des Lobes
kann Wunder wirken …

Gute Worte vermögen beinahe alles,
wenn sie aus dem Herzen kommen
und zu Herzen gehen.

Adalbert Ludwig Balling

Liebe kann das stärkste Eis tauen

Oschoo war der Sohn braver, fleißiger Fischersleute. Er war ein guter Fischer und half seinen Eltern bei der Arbeit, wo er nur konnte; und als seine Eltern alt und schwach wurden, war er ihre einzige Stütze. Er schützte sie vor allem Mangel.

Weil er immer freundlich war, kauften alle Leute der Umgegend ihre Fische bei ihm und jedermann hatte ihn gern. Reicher geworden, kaufte er sich oben im Gebirge einige große Teiche mit herrlichen Karpfen.

In einem harten, strengen Winter aber, als alle Teiche fest zugefroren und dick mit Eis bedeckt waren, erkrankte seine Mutter. Eines Tages sagte sie zu Oschoo: „Ich werde sicher sterben, aber wenn ich nur einen Karpfen aus deinen Teichen hätte, so könnte ich vielleicht noch einmal gesund werden."

Oschoo war sehr traurig über die Worte seiner Mutter. Er wusste, wie dick das Eis auf den Teichen lag; aber er sprach: „Ich gehe sofort, euch einen Fisch zu holen."

Er nahm eine Axt über die Schulter; aber der Wind pfiff so eisig vom Gebirge herunter, dass er wenig Hoffnung hatte, das Eis mit der Axt zu durchschlagen. Oschoo warf sich klagend auf das Eis und dann fing er an zu wimmern und zu jammern, rang seine Hände und rief den Himmel um Hilfe an.

Und siehe, plötzlich fühlte er eine große Wärme seinen Körper durchdringen; rasch streifte er sein Kleid ab und blieb nackt ausgestreckt auf dem Eis liegen, um es mit seiner Körperwärme aufzutauen.

Es dauerte gar nicht lange, so taute das Eis auch wirklich, so weit wie sein Körper reichte; ja es schwand so plötzlich unter ihm, dass er rasch wieder aufsprang und nun mit einigen Hieben die Eisdecke entfernte. Als das geschehen war, strömten von allen Seiten Karpfen herbei und Oschoo wählte den besten und schönsten aus.

Zu Hause angekommen, kochte er den Fisch für seine Mutter, und sobald sie davon genossen hatte, fühlte sie sich wunderbar gekräftigt. Und noch ehe der Winter zu Ende ging, war sie wieder völlig gesund.

Japanisches Märchen

Die Kraft der Liebe

Der amerikanische Psychiater George Richie berichtet in seinem Buch „Rückkehr von morgen" (Marburg 1980) von einem Mann, der in Warschau die Besetzung des Landes durch deutsche Truppen miterlebt hatte. Er gehörte zur Intellektuellen-Schicht und sprach neben Polnisch auch Deutsch, Französisch, Englisch und Russisch.

Das war auch der Grund, warum man ihn verschonte, während seine Frau und seine Kinder – zwei Mädchen und drei Buben – vor einer Mauer aufgestellt und dann mit Maschinengewehren niedergeschossen wurden.

Damals bat auch er darum, zusammen mit seiner Familie sterben zu dürfen. Doch die SS-Leute, die die Erschießung vornahmen, lehnten dies energisch ab; sie brauchten ihn notwendig als Dolmetscher. Er wurde in ein Arbeitslager gesteckt und hat dort – als Dolmetscher – den Krieg und das „Tausendjährige Reich" überlebt.

Jahre später – er lebte jetzt in Amerika und war Rechtsanwalt geworden – wurde er einmal gefragt, wie er dieses schreckliche Schicksal innerlich verkraftet habe. Seine Antwort war einfach: „Ich habe mir damals, im Arbeitslager, schon vorgenommen, keinen Menschen zu hassen, auch nicht die deutschen Soldaten. Denn ich wusste: Hass tötet, nicht nur die anderen, sondern auch einen selbst. So beschloss ich damals, für den Rest meines Lebens jeden Menschen, mit dem ich es zu tun hätte, zu lieben …"

Die Kraft, die ihm aus der Liebe erwuchs, ließ ihn alle Entbehrungen und Todesängste des Konzentrationslagers überleben.

Adalbert Ludwig Balling

Die Geschichte vom Wasserkrug

Vor langer Zeit einmal brannte die Sonne unbarmherzig auf die Erde. Die Quellen versiegten und die Brunnen trockneten aus.

Die Erde wurde hart.
Die Blumen verwelkten, alles Gras verdorrte.

Die Bäume ließen ihre Zweige hängen und warfen ihre Blätter ab.
Die Tiere hatten großen Durst, viele mussten sterben.
Andere suchten überall nach Wasser.
Auch ein kleiner Hund suchte und suchte,
konnte aber keines finden.
So legte er sich müde und matt auf den Boden.

Auch den Menschen erging es nicht anders.
Viele waren den ganzen Tag auf der Suche nach Wasser.
Eine alte Frau war dabei so schwach geworden,
dass sie nicht mehr gehen konnte.
Am Ende ihrer Kräfte setzte sie sich an den Wegesrand.
Ein alter Mann kam mit schweren Schritten,
auf einen Stock gestützt, des Weges.
Er war schwach und nahe am Verdursten.
Sein Mund war ausgetrocknet.

Ein kleines Mädchen sorgte sich um seine todkranke Mutter.

Es wusste, sie brauchte dringend Wasser, sonst würde sie sterben.

Das Mädchen stand frühmorgens auf, nahm einen Krug und machte sich auf den Weg, um einen Brunnen zu suchen.

Den ganzen Tag lang ging es unter der heißen Sonne, aber es konnte kein Wasser finden.

Müde, enttäuscht und durstig legte sich das Mädchen am Abend auf die harte Erde und schlief ein.

Da hatte es einen wunderbaren Traum.

Es hörte eine Quelle plätschern und sah, wie der Krug bis zum Rand mit klarem Wasser gefüllt wurde.

Als das Mädchen am Morgen aufwachte, stand neben ihm der gefüllte Krug.

Voller Freunde sprang es auf und dachte, jetzt kann ich endlich meinen Durst löschen.

Doch da fiel ihm die kranke Mutter ein, die das Wasser doch so nötig hatte.

Eilig nahm es den Wasserkrug und wollte nach Hause laufen.

Beinahe wäre das Mädchen gestolpert.

Vor ihm auf den Boden lag, schwach vor Durst,
ein kleiner Hund.
Dem Mädchen tat das Hündchen leid.
Es schöpfte mit seiner Hand Wasser und gab dem
Tier zu trinken.
Schon fand der kleine Hund Kraft und sprang
davon.
Der Wasserkrug aber war nicht leerer geworden.
Er war aber auch nicht mehr aus Ton, sondern
aus Silber und schimmerte wie der Mond.

Voll Staunen eilte das Mädchen weiter.
Da traf es die alte Frau und den alten Mann,
die am Wege saßen, elend vor Durst.
Das Mädchen sah ihre Not und gab ihnen zu trinken.
Dankbar blickten sie dem Mädchen nach.
Jetzt strahlte der Wasserkrug in leuchtendem Gold
und war noch immer bis zum Rand voll Wasser.

Vorsichtig trug es den Krug nach Hause und rief:
„Mutter, Mutter, ich habe Wasser für dich!"
Das Mädchen reichte zuerst der kranken Mutter
ein Glas Wasser und trank dann selbst.
Und siehe da, der Wasserkrug war über und über
mit funkelnden Edelsteinen besetzt.

Aus jedem Stein sprudelte eine Quelle frischen
Wassers.

Das Mädchen trug den Krug ins Freie
und das Wasser lief über das dürre Land.
Viele Bäche ergossen sich über die Erde.

Überall, wohin sie flossen, grünte es.

Gräser und Blumen sprossten.

Die Bäume streckten ihre Äste empor.
Die Tiere kamen und löschten ihren Durst.
Die Menschen füllten ihre Krüge,
tranken sich satt und freuten sich.
Die Erde war ein wunderbarer Garten.

Dann wurde es Nacht.
Alles war ruhig und still, nur das Wasser hörte
man fließen.
Im Schlaf träumte das Mädchen, dass Quellen
und Bäche sogar über die Erde hinausflossen in
den weiten Himmelsraum.
Und es sah, wie aus jeder Quelle ein Stern empor-
stieg.
Aus den leuchtenden Sternen entstand ein Stern-
bild, das den Menschen Gutes verheißt:
„Die Liebe macht die Erde schön.
Sie kann Vertrocknetes zum Leben erwecken."

Nach Leo Tolstoi

Da schälte sich Sr. Emmanuelle aus der Gruppe …

Es war vor dem Sonntag der Weltmission. Im Aachener Dom hatten sich Prominente und einfaches Volk zu einer feierlichen Messe versammelt. Bischöfe aus Afrika und Asien waren darunter; auch Schwester Emmanuelle, bekannt als die „Mutter der Müll-Menschen von Kairo", war zugegen.

Bischof Hemmerle legte Sinn und Tiefe der missionarischen Botschaft dar. Im Anschluss an den Gottesdienst war vor dem Dom eine „offene Feier" vorgesehen; viele Aachener, unter ihnen auch Jugendliche und Kinder, hatten sich eingefunden. Wohlgewählte Worte wurden gesprochen.

Da – mitten hinein in diese feierlichen Töne – schrie ein Betrunkener, lallte, machte auf seine Weise auf sich aufmerksam. Die Prominenz wurde unruhig; man rief nach den Ordnungshütern; die sollten den Mann beschwichtigen. Es gelang ihnen nicht, jedenfalls nicht auf Anhieb.

Da schälte sich Schwester Emmanuelle aus der Gruppe, ging auf den „Unruhestifter" zu, nahm ihn liebevoll in die Arme, strich ihm über das Gesicht, drückte ihn an sich – und siehe da, er wurde ruhig wie ein Kind in den Armen seiner Mutter …

Manchmal genügt ein liebes Wort, eine gütige Geste, ein von Herzen kommendes Zeichen der Anteilnahme, der Brüderlichkeit. Manchmal wirkt überhaupt nichts – nur praktizierte Liebe!

Adalbert Ludwig Balling

Der Bettler

Ich ging die Straße hinunter … Ein dürftiger, gebrechlicher Greis hielt mich an. Entzündete, tränende Augen, fahlblaue Lippen, zerfetzte Lumpen, unsaubere Schwären … O, wie schrecklich hatte die Not dieses unglückliche Geschöpf verunstaltet! Er streckte mir seine gerötete, verschwollene, schmutzige Hand hin …

Er stöhnte, er ächzte um Hilfe.

Ich begann, all meine Taschen zu durchsuchen … Aber weder Geldbeutel noch Uhr, nicht einmal ein Taschentuch, waren da … Ich hatte nichts mitgenommen. Der Bettler aber wartete noch immer … und seine vorgestreckte Hand bebte und zitterte vor Schwäche. Verwirrt und verlegen ergriff ich mit kräftigem Druck diese schmutzige, zitternde Hand …

„Zürne mir nicht, Bruder, ich habe gar nichts bei mir, mein Bruder."

Der Bettler richtete seine entzündeten Augen auf mich; ein Lächeln kam auf seine fahlen Lippen – und dann drückte auch er meine erkalteten Finger.

„Lass es gut sein, Bruder", sagte er leise; „dass du mich Bruder nennst, auch das ist eine Gabe!"

Da fühlte ich, dass auch ich von meinem Bruder eine Gabe empfangen hatte.

Iwan Turgenjew

Die ersten Christen

Die Menschen hungern
nicht nur nach Brot.
Sie hungern
auch nach Liebe.
Liebe kann Wunder wirken.
Liebe kann heilen.
Das Brot der Liebe brechen –
das ist das Gebot der Stunde.
Von den ersten Christen
heißt es:
Sie brachen das Brot
hin und her.
Sie gingen reihum
in ihren Häusern,
sie brachen das Brot,
mal hier, mal dort,
überall,
wo Gemeinschaft war
oder entstehen sollte.

Adalbert Ludwig Balling

Die allergrößte Kraft

Mit offenen Augen siehst du
viele Wunder.
Mit einem guten Herzen
geschehen Wunder durch dich.

Erich Legler

Lass die Liebe
in deinem Herzen wurzeln
und es kann nur Gutes
daraus hervorgehen.

Augustinus

Entscheide dich immer
für die Liebe!
Wenn du dich ein für alle Mal
entschlossen hast,
so wirst du die ganze Welt
bezwingen.
Die dienende Liebe
ist eine fruchtbare Kraft,
sie ist die allergrößte Kraft
und ihresgleichen
gibt es nicht.

Fjodor M. Dostojewski

Jeder Mensch soll dort,
wo er einmal war,
etwas Helles zurücklassen.
Dort, von wo er weggeht,
soll es lichter sein
und wärmer als vorher.

Mutter Teresa

Jeder hat seinen Bruder „Abel"

Der Nächste ist nicht der,
den ich mag;
es ist jeder,
der mir nahekommt –
ohne Ausnahme.

Edith Stein

Ich sollte mal wieder …

In einem Pfarrbrief fand ich vor Kurzem ein paar Gedanken, die wie ein moderner Beichtspiegel anmuten. Hier eine gekürzte, geraffte Fassung:

Ich sollte mal wieder den Opa besuchen und die Kollegin, die im Krankenhaus liegt.

Ich sollte mal wieder der gehbehinderten Frau aus dem dritten Stock die Einkaufstasche und die Kartoffeln aus dem Keller nach oben tragen.

Ich sollte mal wieder Mut zur Stille finden, ein Gedicht lesen, ein klassisches Musikstück anhören, ein Gebet sprechen, einen Brief schreiben, einen Gottesdienst besuchen, die Toten auf dem Friedhof grüßen …

Ich sollte mal wieder Blumen nach Hause bringen, freundlich sein, lächeln, Nachbars struppigen Hund streicheln …

Ich sollte mal wieder bei der einsamen Frau in unserer Straße schräg gegenüber vorbeischauen, die alleinstehende Mutter mit drei Kindern anrufen, dem Straßenkehrer ein Dankeschön sagen …

Ich sollte mal wieder ein paar Euro für hilflose Kinder, für Flüchtlinge, für die Hungrigen in der Welt, für Missio, Misereor, Adveniat, Brot für die Welt geben …

Ich sollte mal wieder!
Frage: Warum tue ich es nicht? Warum drücke ich mich immer wieder daran vorbei? Warum habe ich dabei noch nicht einmal ein „schlechtes Gewissen"?

Adalbert Ludwig Balling

In der Gegenwart lieben

„Die Liebe in der Zukunft gibt es nicht; die Liebe ist immer eine Tätigkeit in der Gegenwart. Der Mensch aber, der keine Liebe in der Gegenwart kundgibt, besitzt keine Liebe" (Leo Tolstoi).

Man muss diesen Satz zwei-, dreimal lesen, ehe man ihn in seiner Tiefe versteht. Liebe in der Zukunft gibt es nicht, meint der russische Dichter; Liebe sei ein Tätigkeitswort, ein Akt der Gegenwart.

Tolstoi behauptet nicht, dass Liebe in Zukunft, morgen, nächstes Jahr, in 100 Jahren nicht möglich sei; er meint vielmehr, dass ich nicht sagen kann: „Ich liebe jemand morgen oder übermorgen, aber heute noch nicht."

Das geht nicht. Ich kann nicht sagen: Heute noch nicht, heute habe ich noch anderes, Wichtigeres vor, aber morgen oder übermorgen, dann vielleicht; dann will ich gerne lieben.

Man kann einen Menschen – alle Menschen, die Menschheit – nicht eine Zeit lang nicht lieben, weil man zu beschäftigt ist mit anderen Sorgen. Man kann nicht so tun, als könne man sich Liebe in diesem Moment nicht leisten, aber man wolle es versuchen an einem anderen Tag nächstes Jahr, in zehn oder zwanzig Jahren, wenn man alt ist und sowieso nicht mehr so aktiv sein kann. Dann könne man ja auch noch anfangen, die Menschen so im Allgemeinen und vielleicht ein paar wenige im Besonderen zu lieben.

Da hat Tolstoi Recht. Das geht nicht. Wer nicht in der Gegenwart, im Hier und Heute liebt, „besitzt keine Liebe".

„Liebe und dann tue, was du willst", hat Augustinus gesagt. Richtig verstanden, richtig gelebt, ist dies wohl das Einzige, was wir Menschen lernen müssen – zu lieben und in Geduld und Liebe uns zu üben.

Wenn wir lieben, sehen wir über manches hinweg, was uns sonst stört. Wenn wir lieben, werden uns die Menschen sympathischer. Wenn wir lieben, ist Gott uns nicht fern.

Adalbert Ludwig Balling

„Was ihr dem Geringsten meiner Brüder getan habt …"

„Der Polizei ging ein dicker Fisch ins Netz. Ein junger Mann, 20 Jahre alt, wurde beim Einbruch überrascht. Es gelang ihm zwar in der Dunkelheit mit einem gestohlenen Fahrzeug die Flucht, aber bei der Verfolgung hat er vermutlich infolge überhöhter Geschwindigkeit in einer unübersichtlichen Kurve die Herrschaft über das Fahrzeug verloren. Die Verletzungen, die er sich dabei zuzog, waren nur ganz gering. Die Festnahme durch die Polizei erfolgte widerstandslos."

So stand es in der Zeitung. Das war vor nunmehr fast sechs Jahren. Dann folgte der Prozess und die Verurteilung und nochmals stand sein Name in der Zeitung, zusammen mit dem ihm zudiktierten Strafmaß: 6 Jahre Gefängnis. Schließlich war er nicht das erste Mal erwischt worden.

Sechs Jahre hinter Schloss und Riegel sind eine lange Zeit, selbst dann, wenn die tägliche Arbeit in der gefängniseigenen Schreinerei etwas Abwechslung mit sich bringt. Ein paarmal hatte er in dieser Zeit versucht, Menschen anzuschreiben und mit ihnen brieflichen Kontakt aufzunehmen. Er wollte nicht um Mitleid oder Verständnis bitten, sondern nur jemandem außerhalb der Mauern schreiben, dass es ihn auch noch gibt und dass er sich über ein paar geschriebene Zeilen sehr freuen würde.

Der junge Mann erhielt nur bedauernde Antworten. Man schrieb ihm, dass anderweitige und gewichtigere Aufgaben den brieflichen Kontakt leider nicht ermöglichten, so sehr man dies bedauere. Oder die Antwort blieb ganz aus.

Sechs Jahre sind eine lange Zeit – aber auch sie gehen einmal zu Ende und bald wird er entlassen. Etwas Geld und ein paar gute Tipps werden sie ihm auf den Weg mitgeben. Dann wird er wieder frei sein. Werden sie ihn draußen verstehen? Werden sie zur Kenntnis nehmen, dass er diesmal ganz neu anfangen will, dass er ordentlich und anständig zu arbeiten vorhat?

Vielleicht haben sie nicht einmal einen Arbeitsplatz für ihn. In sechs Jahren hat sich vieles auf dem Arbeitsmarkt verändert. Wird er überhaupt irgendwo ein Zimmer bekommen? Wer vermietet schon an einen Dieb a. D.? Solche, die im Rausch einen Unfall verursacht und Unschuldige zu lebenslangen Krüppeln gemacht haben, raffinierte Steuerhinterzieher oder Ehebrecher haben es da schon leichter, sich wieder in die Gesellschaft einzugliedern.

Dem jungen Mann schaudert ein wenig vor der Freiheit, in die sie ihn demnächst entlassen wollen. Wie werden die Menschen ihn aufnehmen? Viele werden ihm ein Almosen geben, wenn er bettelnd vor ihrer Türe steht. Zu oft schon – werden sie sagen – seien sie in ihrer Hilfsbereitschaft enttäuscht worden. Sie werden ihn an Behörden und Institutionen verweisen, denen der amtliche Umgang mit solchen „Individuen" schon zur Routine geworden ist.

Vielleicht begegnen auch wir demnächst dem jungen Mann oder einem anderen in ähnlicher Situation. Es wäre zu wünschen, wenn wir uns dann des Christuswortes erinnern würden: „Was ihr dem Geringsten meiner Brüder getan habt, das habt ihr mir getan."

Reinhard Abeln

Nikita und der französische Prälat

Es war in den 60er-Jahren. Der damalige Kreml-Boss Nikita Chruschtschow stand auf dem Höhepunkt seiner Macht. Seine ukrainischen Spruch-Weisheiten erschienen in fast allen Zeitungen, auch seine Schuhklopf-Rede vor der UNO in New York.

Aber was mir am meisten in Erinnerung blieb, ist eine kleine Episode, die sich in Reims zugetragen hat. Anlässlich eines Frankreichbesuchs absolvierte der bärbeißige, mitunter aber recht joviale Kommunistenchef auch ein kulturelles Programm. Auf dem Plan stand der Besuch der Kathedrale von Reims – ein weltberühmtes gotisches Gotteshaus.

Nach dem Verlassen der Kirche sagte Chruschtschow zu dem ihn führenden Prälaten: „Eigentlich stimme ich mit allem überein, was euer Christus gelehrt hat. Ein Mann mit sozialen Ideen. Ein Mann, der für die Revolution war. Wirklich, euer Christus imponiert mir …"

Der französische Monsignore lauschte skeptisch den überschwänglichen Worten des sowjetischen Politikers. Das schien dieser zu merken, stoppte seinen Wortschwall von selbst und machte dann die bemerkenswerte Einschränkung: „Nur eines verstehe ich nicht an eurem Christus; wenn er sagt: Haut dich einer auf die linke Backe, reiche ihm auch die rechte! – Nein, wenn mich einer schlägt, dann mache ich ihn einen Kopf kürzer!"

Feindesliebe war zur Zeit Christi etwas Außergewöhnliches. Im Alten Testament heißt es: Aug um Aug, Zahn um Zahn.

Das ist ja gerade das Herausragende der christlichen Botschaft, das Einmalige, das es bis dahin nicht gegeben hatte: dass man auch seine Feinde lieben muss.

Kein Wunder, dass ein Kommunistenchef, ehrlich oder ironisch, nicht jene lieben will, die seine Feinde sind; dass er den, der ihn schlägt, um einen Kopf kürzer machen will.

Wann lernen wir, dass die Liebe das größte aller Gebote ist? Wann begreifen wir, dass die von Gott geforderte Liebe auch unsere „nächsten" Feinde meint – den „gemeinen" Kollegen, den „ungerechten" Chef, den nörgelnden Hauswirt …?

Adalbert Ludwig Balling

Dieser Typ da!

Du sitzt im IC. Allein im Abteil. Da steigt ein Mann zu. Groß. Kräftig. Zweizentnerrahmen. Ein Schrank mit zwei Beinen und wuchtigen Bärentatzen, denkst du. Du musterst sein Gesicht. Schreckst ein wenig zurück. Krumme Nase. Wulstige Lippen; düstere, leicht verkniffene Augen.

Der Mann kommt dir brutal vor. Du fürchtest dich ein wenig. Was mag er wohl von Beruf sein? Du tippst auf Metzger, Kraftfahrer, Maurer, Boxer …

Du denkst bei dir: Nein, mit diesem Typ da möchte ich nicht längere Zeit allein sein! Dir wird ungemütlich bei diesem Gedanken. Du fürchtest, er könnte Schwierigkeiten machen, bekommst mulmige Gefühle in der Magengegend. Nein, wirklich, dieser Typ gefällt dir gar nicht!

Wieso „Typ"? Du kennst ihn doch gar nicht. Hast noch kein Wort mit ihm gewechselt. Kennst weder seine Herkunft noch sein Schicksal. Du katalogisierst Menschen – wie Linné es mit Pflanzen tat. Du klebst den Menschen Zettelchen auf, verteilst sie in Schubfächern.

Wer gibt dir das Recht dazu?

Adalbert Ludwig Balling

Jeder hat seinen „Bruder Abel"

Martin Buber (1878–1965), der jüdische Religionsphilosoph und Schriftsteller, erzählt:

„In einer Mitternacht, als Rabbi Mosche Löb in das Geheimnis der Lehre versenkt war, klopfte es an sein Fenster. Draußen stand ein betrunkener Bauer und begehrte Einlass und Nachtlager. Einen Augenblick war das Herz des Zaddiks erzürnt und redete zu ihm: ‚Wie erfrecht sich der Trunkenbold und was soll er uns hier im Haus?' Dann antwortete er seinem Herzen: ‚Und was soll er Gott in seiner Welt? Wenn Gott sich mit ihm verträgt, darf ich mich ihm weigern?' Sogleich öffnete er die Tür und bereitete das Lager" (Martin Buber, Werke 3, München/Heidelberg 1963).

Ob wir Gott verfehlen oder nicht, sagt Jesus in seiner Gerichtsrede bei Mt 25,34ff., entscheidet sich daran, ob wir *Menschen* sind für die, „die keinen Menschen haben", die krank sind, Hunger und Durst haben, im Gefängnis sind oder sich in namenloser Trauer und Traurigkeit befinden.

Keiner und keine von uns ist aus der Verantwortung für den anderen entlassen. Niemand kann am letzten Tag der Weltgeschichte sagen: „Bin ich der Hüter meines Bruders?" (Gen 4,9).

Jeder hat seinen „Bruder Abel". Der andere ist uns auf eine oft geheimnisvolle Weise in die Hän-

de gespielt, ist – wie der Dichter Werner Bergengruen (1892–1964) es treffend sagt – eine „Leih-
gabe", die wir „einstens vor der letzten Schwelle
dem Lehnsherrn widerstellen". Jeder ist uns zu
treuen Händen anvertraut, damit wir ihn zum
Herrn führen – wie ein „Brautführer" die Braut
zum Bräutigam (Joh 3,23ff.).

Reinhard Abeln

„Es tut mir leid!"

Herr Müller, Lehrer in einer westdeutschen Stadt, hat acht Kinder – sieben Jungen und ein Mädchen: Cornelia. Wiederholt schon machte Cornelia den Versuch, freiwillig aus dem Leben zu scheiden. In ihrem letzten Abschiedsbrief an ihre Eltern und Geschwister stehen die Sätze:

„Es tut mir leid. Ich kann nicht mehr an eure Hoffnung auf mich – und meine Hoffnung auf euch glauben. Ich habe nie selbst gelebt. Ich war Wanderer zwischen zwei Welten …

Später sehen wir uns wieder, ich hoffe in Frieden. Haltet bitte zusammen, fürs ganze Leben. Ich habe euch wirklich sehr lieb gehabt – nur nicht gewusst, wie ich leben sollte. Das tut mir jetzt leid – für mich und für euch. Bitte, geht weiter! Es kann nicht immer licht sein auf dieser Welt.

Ich wünsche euch Hoffnung, ich wünsche euch Liebe, die euch wachsen lässt und euch wärmt. Ich wünsche euch Vertrauen, dass ihr – jeder für sich – seinen Weg geht und findet. Ich wünsche euch Selbstliebe …"

Ein erschütterndes Dokument menschlicher Einsamkeit, Hoffnungslosigkeit und Trauer. Erschütternd auch, weil von einem 18-jährigen Mädchen geschrieben, dessen ganze Zukunft noch vor ihm lag.

Was trieb Cornelia dazu, freiwillig aus dem Leben zu scheiden? Das Elternhaus war es nicht. Vater und Mutter taten ihr Allerbestes. Niemand, der das Mädchen kannte, konnte es sich so recht erklären, am wenigsten die Eltern.

Warum griff Cornelia zu diesem „letzten Mittel"? Um Aufmerksamkeit zu erheischen? Um andere zu strafen? Um einer verkorksten Lage zu entkommen?

Oder war es – nach ihrer Meinung – ein Zuwenig an Liebe, ein Zuwenig an Zärtlichkeit, ein Zuwenig an Entgegenkommen, das sie dazu trieb?

Man wird die Antwort nie finden. Man wird immer im Dunkeln tappen; letztlich bleibt jeder Mensch ein Geheimnis. Auch in seiner Traurigkeit und Verlorenheit.

Ulla Hahn schrieb einmal: „Lass mich in diesem Regen nicht allein. Viel Traurigkeit zieht mich zu Grund. Schwer wiegt, was es nicht gibt; das möcht ich sein. Lass mich in diesem Rauschen nicht allein."

Jeder Mensch ist aufgerufen, die Einsamkeit des andern zu lindern. Jeder ist beauftragt, Liebe zu schenken, die Dunkelheit zu erhellen, Kälte zu vertreiben. Allein die Liebe könnte es schaffen. Liebe und viel Zärtlichkeit.

Adalbert Ludwig Balling

Was immer Menschen tun

Dem großen „Existenz-Philosophen" Martin Heidegger, einem Lehrer Karl Rahners, wird das Wort zugeschrieben: Was immer Menschen tun oder unterlassen, was immer Menschen denken oder sprechen, geht uns alle an! –

Es gibt keinen Menschen, von dem wir sagen könnten, er ginge uns nichts an. Jede Begegnung – auch die flüchtigste, etwa in der Straßenbahn oder im Bus – hinterlässt Spuren. Jeder Mensch wirkt auf seine Weise auf den anderen ein, bewusst oder unbewusst; jeder ist für jeden mitverantwortlich.

„Bin ich denn der Hüter meines Bruders?", fragte schon einmal einer und wir wissen, dass er im Unrecht war, wenn er meinte, das Schicksal des Bruders ginge ihn nichts an. Wir sind, wenn nicht die „Hüter" unserer Brüder und Schwestern – heute hätten wir dafür andere Begriffe –, so doch mitverantwortlich für sie und für das, was sie tun.

Wir können uns nicht auf ein Robinson-Crusoe-Inselchen flüchten und die Menschen Menschen sein lassen. Wir können nicht einfach abschalten, wenn es um Mit-Menschen geht.

Wer weiß, vielleicht wäre der eine oder andere nicht zum Verbrecher geworden, hätte er zuvor die Gelegenheit gehabt, einem Menschen – einem Mit-Menschen – zu begegnen?

Man redet heute so viel von weltweiter Solidarität, von Kooperation und Teamwork. Es sind neue Worte für alte Forderungen. Sie bleiben leere Worte, wenn wir sie nicht mit Inhalt füllen, wenn wir sie nicht wahrmachen.

Ob „Hüter meines Bruders" oder „Solidarität mit den Armen", das Anliegen bleibt ein mitmenschliches.

Adalbert Ludwig Balling

Wonach wir beurteilt werden

Jeder muss entscheiden,
ob er im Licht
der Nächstenliebe
oder im Dunkel der Eigenliebe
leben will.
Danach werden wir beurteilt.
Die wichtigste
und dringlichste Frage lautet:
Was hast du für andere getan?

Martin Luther King

Es gibt in der Welt
nur einen Irrtum, nur ein Unheil:
nicht genug lieben zu können.

Georges Bernanos

Nehmen wir uns Zeit füreinander

Es ist für mich ein Geschenk,
Zeit für mich
und Zeit für Menschen
an meiner Seite zu gewinnen.

Joachim Wanke

Wenn du mal fünf Minuten Zeit hast

Das folgende Gespräch spielt sich sicherlich oft im Leben ab. Zwei Bekannte treffen sich, gehen aufeinander zu.

Der eine sagt: „Großartig, dass ich dich treffe, ich habe viel auf dem Herzen! Hättest du etwas Zeit für mich?" – Der andere: „O ja, ich habe schon Zeit für dich."

„Wie wär's morgen?" – „Da geht es leider nicht. Ich habe bereits eine Vereinbarung."

„Wie ist es am Dienstag?" – „Am Dienstag bin ich beim Kegeln."

„Am Mittwoch?" – „Da gehe ich mit einem Arbeitskollegen schwimmen."

„Wie wär's am Donnerstag?" – „Am Donnerstag ist bei uns immer Sitzung im Pfarrgemeinderat."

„Am Freitag?" – „Am Freitag habe ich mir vorgenommen, ins Theater zu gehen."

„Und am Samstag?" – „Am Samstag gehe ich meist auf den Fußballplatz und sehe anschließend die Sportschau im Fernsehen."

„Und der Sonntag?" – „Am Sonntag bin ich gern mit der Familie allein. Schließlich muss man ja auch einen Tag haben, wo alle zusammen sind."

„Wie wär's in der nächsten Woche?" – „Ich habe meinen Terminkalender nicht bei mir. Da kann ich nichts Bestimmtes sagen. Ich weiß nur, dass sehr viel eingetragen ist."

„Und in der übernächsten Woche?" – „Da muss ich jeden Abend einen Fotokurs machen."

„Und die überübernächste Woche?" – „Da werden wir wahrscheinlich Urlaub machen."

So oder ähnlich gibt es heute viele Unterhaltungen. Der Fragende ist enttäuscht, weil sein Gesprächspartner für ihn keine Zeit hat. Er denkt, wenn dem anderen an dem Gespräch etwas liegen würde, hätte er sicher die Möglichkeit, manches als weniger wichtig zurückzustellen, um für ihn und seine Anliegen da zu sein.

Viele Menschen haben heute keine Zeit mehr füreinander. Jede Stunde des Tages fällt ihrer vorausplanenden Rechnung zum Opfer. Ein Maximum an Erfolg, Leistung und Vergnügen gilt es herauszuholen. Kein Augenblick darf vergeudet werden, jede Minute ist wichtig.

Eines Tages kam ein chinesischer Professor nach Berlin. Sein deutscher Kollege holte ihn vom Zug ab. Als sie auf den großen Bahnhofsvorplatz traten, sah der Deutsche den Bus an der Haltestelle. Schnell ergriff er die Hand des Chinesen. „Kommen Sie rasch", rief er ihm zu. Die beiden liefen hastig über den Platz und stiegen eilig in den Bus, der sich, kaum, dass sie drinnen waren, in Bewegung setzte. Aufatmend schaute der Deutsche auf die Uhr und sagte: „Gott sei Dank! Jetzt haben wir fünf Minuten gewonnen!" Der Chinese aber fragte ihn mit sanfter Stimme: „Und was machen wir mit diesen fünf Minuten?"

Reinhard Abeln

Verschenkte Zeit

Verschenkte Zeit,
den Mitmenschen geschenkte Zeit,
ist doppelt genützte Zeit.
Manchmal ist es wichtiger,
Zeit zu schenken
als Brot …

Adalbert Ludwig Balling

Da wir denn nun
Zeit haben,
so lasst uns Gutes tun
an jedermann.

Nach Galater 6,10

Wenn du Zeit hast
für den Menschen,
dann sieh nicht auf die Uhr!

Phil Bosmans

Zeit-Vermehrung

Die Geschichte von der Brotvermehrung
ist uns allen aus der Bibel bekannt.

Wie, wenn Jesus heute käme
und willens wäre, Zeit zu vermehren?
Wenn er seine Jünger fragte:
Wie viele Stunden habt ihr?
Und die Antwort bekäme: Vier Stunden und 25
Minuten!
Gut, dann wollen wir mal sehen,
wie viele zusätzliche Stunden
und Minuten wir daraus zaubern können!

Zeit ist Geld, heißt eine Redewendung.
Zeit ist Liebe.
Zeit ist ein Geschenk.
Weil sie ein Geschenk ist,
sollte man sie nicht für sich hamstern,
sondern wieder ver-schenken.
Bist du bereit, dem andern ein Teilchen Zeit zu
schenken?
Bist du dir nicht zu vornehm,
am Ende des Tages
die übrig gebliebenen Zeit-Teilchen einzusam-
meln
und sie in die Zeit-Körbe zu legen –

zur freien Verfügung für andere, die keine Zeit
haben?
Begreifst du, dass Zeit, die du verschenkst,
zu dir zurückkehrt –
so wie die vermehrten Brotkrumen,
so wie die Liebe
und das Wohlwollen …

Adalbert Ludwig Balling

Schenk anderen von deiner Zeit!

Wir können mit der Zeit, die Gott uns geschenkt hat, mancherlei anfangen: Wir können die Zeit vertrödeln, vergeuden, verlieren, vertreiben. Wir können die Zeit totschlagen. Wir können die Zeit verkürzen oder verlängern …

Wir können aber auch die Zeit an andere weitergeben, etwa durch einen Besuch. So können wir ganze Stunden verschenken, für jemand Zeit übrig haben. „Ich habe für dich Zeit, viel Zeit", wäre doch ein schönes Wort!

Wir können auch nur bei jemand ein paar Minuten stehen bleiben, einen kleinen „Schwatz" halten, jemand ein paar Minuten anrufen oder jemand einen Brief schreiben – auf derlei Art und weise können wir unsere Zeit anderen Menschen schenken. Und dabei werden beide Seiten reich: der Geber und der Empfänger!

Reinhard Abeln

Nimm dir Zeit

Nimm dir Zeit zum Denken,
dies ist die Quelle der Kraft!

Nimm dir Zeit für die Arbeit,
denn dies ist der Preis des Erfolges!

Nimm dir Zeit für die Liebe,
sie ist der wahre Reichtum des Lebens!

Nimm dir Zeit, dich umzuschauen,
der Tag ist zu kurz, um selbstsüchtig zu sein!

Nimm dir Zeit zum Spielen,
dies ist die Freude der Jugend!

Nimm dir Zeit, um mit Freunden
zusammenzusein und ihnen zu helfen,
dies ist die Quelle des Glücks!

Nimm dir Zeit zum Träumen,
dies bringt dich den Sternen näher!

Nimm dir Zeit zum Lachen,
dies ist die Musik der Seele!

Nimm dir Zeit zum Gebet,
sie bringt dir Gott näher und wäscht
den Staub der Erde von deinen Augen!

Zeit ist das begrenzteste Mittel,
das du zur Verfügung hast!
Deshalb nimm dir Zeit,
den Duft der Rose zu genießen!

Unbekannter Verfasser

Spontane Hilfe

Es ist Freitag, 12 Uhr mittags, in einer Großstadt. Überall herrscht ein reges Verkehrsleben. So auch im Untergeschoss einer Bahnhofspassage. Unter den vielen Dahineilenden ist auch ein alter Mann, der – auf zwei Stöcken gestützt – mühsam zur Fußgängerzone hinaufbalanciert.

Unzählige Menschen kommen an dem Mann vorbei und sehen, wie schwer er die Treppe hinaufsteigt. Viele unter den Vorbeigehenden werden sich die Frage gestellt haben: Soll man als hilfsbereiter Samariter in Aktion treten oder soll man diskret vorbeischauen?

Wir wissen, dass mancher Invalide eine unnötige Hilfe als Angriff auf sein schwer zurückerobertes Selbstbewusstsein empfinden könnte. Andere dagegen haben einen hilfreichen Arm dringend notwendig und würden sich riesig darüber freuen, wenn er ihnen angeboten würde. Wie also soll man sich entscheiden?

Für zwei junge Männer in Jeanshosen hat sich diese Frage erst gar nicht gestellt. Als sie den alten Mann inmitten des Menschengewühls auf der Treppe sehen, gehen sie *spontan* auf ihn zu und nehmen ihn ohne lange Diskussionen in ihre Mitte. Und das Erstaunliche daran: Alles geht fast wie selbstverständlich.

Die beiden jungen Männer geleiten den gebrechlichen alten Mann ganz langsam und behutsam nach oben. Stufe für Stufe helfen sie ihm die steile Treppe hinauf. Es fällt kaum ein Wort. Unendlich langsam erscheint das alles – inmitten der vielen vorbeihastenden Menschen. Als die drei oben in der Fußgängerzone ankommen, ist der alte Herr erschöpft. Er ist so erschöpft, dass er sich bei seinen beiden Helfern nicht gleich gebührend bedanken kann. Aber er braucht es gar nicht mehr: Die beiden jungen Burschen sind längst im Trubel und in der Menge der vielen Fußgänger untergetaucht.

Ist das nicht eine großartige Geste, die die beiden Jugendlichen hier an den Tag gelegt haben? Als wäre *Hilfsbereitschaft* in unserer Zeit die selbstverständlichste Sache der Welt …

Lassen wir uns von den zwei jungen Leuten anstecken! Helfen wir denen, die uns brauchen! Sehr erfinderisch sind wir, wenn wir anderen imponieren wollen. Doch wenn es darum geht, ihnen „unter die Arme" zu greifen, verlässt uns sehr oft die Fantasie.

Ohne Hilfsbereitschaft wird unser Zusammenleben auf die Dauer unerträglich. Das Leben wird freudearm und öde, wenn wir nicht immer wieder aufeinander zugehen und den anderen teilhaben lassen an unserem Sein. Seien wir wach und offen füreinander! Denn erst im *Geben* verwirklicht sich der Mensch!

Reinhard Abeln

Wer sich Zeit nimmt

Auch Zeit ist Liebe.
Liebe hat,
wer sich Zeit nimmt
für den anderen,
wer ihm jeden Tag neu
Zeit schenkt,
wer ihn täglich neu
annimmt,
wer sich ihm
immer wieder anvertraut,
wer vergibt
und sich vergeben lässt.

Adalbert Ludwig Balling

Eine uralte Weisheit

Da gab es einen Patienten. Seit Wochen hatte er „namenlos" gelitten und gejammert – zum Erbarmen! Aber plötzlich schien er über dem Berg zu sein. Warum? Er fand ein paar Freunde. Sie hielten keinen Vortrag über moderne Psychologie. Er durfte einfach bei ihnen Mensch sein und spüren: Die nehmen mich ernst! Die Lebensgeister kamen wieder.

Es sollte überall Menschen geben, die Zeit haben, viel Zeit, um die Gepeinigten anzuhören und sie wissen zu lassen, dass sie trotz ihres Versagens noch jemand sind. Das ist uralte Weisheit. Der Zisterzienserabt Aelred von Rieval (12. Jahrhundert) schreibt: „Jeder Mensch muss ein Herz haben, in das er unbesorgt jeden quälenden Gedanken niederlegen und dem er sagen darf, was sein Innerstes erhebt und bewegt in glücklichen Stunden."

Unsere Leistungsgesellschaft braucht Menschen, bei denen man wieder ruhig wird und die nichts anderes sein wollen als eine richtige „Gepäckabgabe".

Reinhard Abeln

„Ich habe Zeit für meine Enkel"

Wie wichtig heute Großeltern sind, zeigt die Tatsache, dass Eltern immer weniger Zeit für ihre Kinder haben. Aber Kinder haben so viele Anliegen auf dem Herzen, die sie mit Erwachsenen besprechen möchten.

Glücklich dürfen sich die Familien schätzen, die Großeltern in ihrer Nähe haben. Denn die Erfahrung hat immer wieder gezeigt: Großeltern, die ihren Enkeln in echter Zuneigung und mit vollem Vertrauen verbunden sind und ihnen einen Teil ihrer Zeit schenken, tragen wesentlich dazu bei, dass sie gut gedeihen. Mit anderen Worten: Oma und Opa geben ihren Enkeln Entscheidendes für das Leben mit.

Die Zeit, in der Großeltern mit ihren Enkeln zusammen sind, mit ihnen spielen oder lesen, ihnen etwas erzählen oder sich von ihnen erzählen lassen, ist niemals eine verlorene Zeit. Im Gegenteil: Wer sich als Opa oder Oma mit seinen Enkeln liebevoll beschäftigt, hilft ihnen, wirklich leben zu lernen. In einem Kinderaufsatz war einmal zu lesen: „Großeltern sind Menschen, die dich lieben, nicht weil du hübsch oder gescheit bist oder gute Zeugnisse hast, sondern weil du du bist."

Ich erinnere mich an eine sechzigjährige Schriftstellerin, die von einem Journalisten neugierig nach ihrem Lebensstil gefragt wurde. Ihre Antwort: Nein, sie züchte keine Kakteen, sie sammle keine Briefmarken. Sie habe auch keine runde Antwort auf die Frage nach dem Sinn des Lebens. Wenn sie dazu irgendetwas sagen könne, dann sei es nur dies: „Ich liebe meine Enkel. Ich habe immer Zeit für sie."

Mich hat diese Antwort beeindruckt. Da sieht eine Schriftstellerin den Sinn ihres Lebens nicht in dem, was sie ihren Lesern zur Information oder zur Unterhaltung anbietet, sondern in der Zuneigung und Zuwendung zu ihren Enkeln. „Ich habe immer Zeit für sie", sagt sie. Wer dies tut, so sagt eine Redensart, hat keine Zeit, alt zu werden.

Großeltern, die Zeit haben, sind für ihre Enkel eine große Lebenshilfe. Denn wer Kindern begegnet, hilft ihnen, erwachsen zu werden. Und nichts macht ältere Menschen so angenehm und annehmbar wie die Freude an der Begegnung mit ihren Enkeln.

Reinhard Abeln

„Gib Zeit, gib reichlich!"

Du hast keine Zeit,
stehst unter Druck,
bist gestresst,
wirst gejagt von Termin zu Termin …

Da kommt ein Besucher, will deine Zeit,
das Kostbarste, was du hast.
Du bist unwillig, willst ihn
fernhalten, willst kneifen?
Kneife nicht! Gib Zeit, gib reichlich!
Denn was immer du gibst, du erhältst es
doppelt zurück.

Wisse: Wer nicht gebraucht wird
– und sich nicht brauchen lässt –,
wessen Zeit nicht beansprucht wird
– und der sich nicht in Anspruch
nehmen lässt,
ist ärmer als alle Kirchenmäuse der Welt!

Adalbert Ludwig Balling

Keine Kränze aufs Grab?

Mit einer bemerkenswerten Todesanzeige hat im Jahr 1967 der Fabrikant Georg Hipp die Nachwelt überrascht. Der als Wohltäter wie als Katholik bekannte Unternehmer ließ zu seinem Tod folgenden Text in die Zeitung setzen:

„Ich armer Sünder Georg Hipp bin im Alter von 62 Jahren gestorben. Wer ist mir jetzt noch neidisch? – Bitte, legt mir keine Kränze auf das Grab, die Erde ist schon schwer genug. Anstelle der vorgesehenen Kränze erbitte ich den Gegenwert auf das Konto ‚Missionen‘ der Sparkasse … Anstelle des üblichen Requiems singt mir bitte die ›Schubert-Messe‹. – Wenn manche Vielbeschäftigte gleich nach der Opferung die Kirche verlassen, bin ich nicht böse. Die Hauptsache ist, dass man ›gesehen‹ wurde. – Mein Beerdigungstag soll ein Freudentag sein, besonders für die alten Leute, die Rentner, die Fürsorgeempfänger, die von der Caritas und von der Volkswohlfahrt Betreuten. Sie alle lade ich herzlich zu einem guten Mittagessen ein. Sie sollen nicht nur gut essen, sondern auch gut trinken … Und nun, meine lieben Mitbürger, wünsche ich Euch alles Gute. Wenn ich Euch beleidigt habe oder Euch Anlass zu einem Ärger gab, so verzeiht mir bitte. Gottes Segen begleite Euch, bis auch Euch die letzte Stunde schlägt. Georg Hipp.“

Beim Lesen dieser Todesanzeige wird man unwillkürlich nachdenklich. Man überlegt, welchen Text man wohl selbst in die Zeitung setzen ließe, wenn es einmal so weit ist. Vielleicht fragt man sich aber auch: Wie steht es eigentlich mit dem Guten, das ich im Leben nicht getan habe?

Ganz ehrlich: Wenn man darüber nachdenkt, dann könnte es einem wie Schuppen von den Augen fallen. Wie ist es zum Beispiel mit der alten Frau, die mir täglich über den Weg läuft? Ich sehe es ihren Augen wohl an, dass sie sich gern auf ein Schwätzchen einließe. Sie ist einsam und verlassen. Ich aber denke: Nur schnell weiter, ich habe keine Zeit …

Gibt es das eigentlich, dass man wirklich keine Zeit hat für einen Menschen, für ein gutes Wort, für eine gute Tat? Warum habe ich meinen Nachbarn nicht im Krankenhaus besucht? „Ich kenne ihn ja kaum", habe ich mir immer wieder eingeredet.

Ich spreche jeden Tag von „keine Zeit haben", von Müdigkeit, von Arbeitsverpflichtung usw. In Wirklichkeit will ich mir die Menschen vom Leibe halten – aus Egoismus, aus Feigheit, aus Bequemlichkeit. Die Unterlassungssünden haben also durchaus einen Namen. Und wenn wir uns ihrer nicht selbst anklagen, dann kann es sein, dass jemand nach unserem Tode Anklage gegen uns erhebt.

Vielleicht täte es uns gut, wenn wir alle einmal beteten: „Herr, lass uns die Lehre aus dem ziehen, was Georg Hipp uns nach seinem Tode sagen wollte! Lass uns das Wesentliche nicht verpassen und den Menschen im Leben jene Liebe schenken, die sie brauchen! Lass uns erkennen: Ein einziges Wort der Liebe – im Leben gesprochen – ist mehr wert als alle prächtigen Kränze auf einem Grab!

An Gelegenheiten zur Liebe fehlt es keinem von uns. Fragen wir uns: Tue ich täglich Ohr, Mund und Herz für den anderen auf – für den Ehepartner, für die Kinder, für die Nachbarn, für die Kollegen und Mitarbeiter, für die Alten und Kranken? Leihe ich denen mein Ohr, die sich bei jemandem – bei mir – aussprechen wollen? Es gibt so viele, die uns brauchen wie das tägliche Brot!

Der große Kirchenlehrer Aurelius Augustinus (354–430) hat recht, wenn er sagt: „Ohne Liebe sind wir uns selbst zur Last, durch die Liebe tragen wir einander!"

Reinhard Abeln

Liebe braucht Zeit

Wussten Sie schon,
dass Zeithaben für einen Menschen
mehr ist als Geld,
mehr als Medikamente,
unter Umständen mehr
als eine geniale Operation?
Wussten Sie schon,
dass das Anhören eines Menschen
Wunder wirkt?

Wilhelm Willms

Es ist wichtig,
dass du Zeit für dich hast.
Liebe braucht Zeit.
wo die Zeit fehlt,
tritt die Vernachlässigung ein,
und wenn du dich vernachlässigst,
verlierst du dich –
und wenn du dich verlierst,
verlierst du die Fähigkeit,
andere zu lieben.

Ulrich Schaffer

Wer für den anderern Zeit hat,
der liebt wirklich;
der macht froh
und zuversichtlich.
Zeit, die man anderen schenkt,
ist Freude.

Adalbert Ludwig Balling

Die Zeit,
die du ver-schenkst,
ist zeitlose Zeit.
Die Zeit,
die du für die Mitmenschen
„ver-schwendest",
kommt als Tropfen der Ewigkeit
zu dir zurück.

Adalbert Ludwig Balling

Auf dein Herz kommt es an

Miteinander reden,
lachen und fröhlich sein,
sich gegenseitig einen Gefallen tun,
mitunter auch streiten, ohne Hass –
das sind lauter Zeichen der Liebe,
die aus dem Herzen kommen.

Aurelius Augustinus

Vor Gott zählt nur unser Herz

«Ich habe in meinem Leben 20 Filme gedreht und 2 Bücher geschrieben. Und nun, wo ich älter werde, stehe ich vor der beklemmenden Frage, ob das wirklich der Inhalt meines Lebens gewesen ist." So war von einer bekannten Schauspielerin in einer großen Publikumszeitschrift zu lesen.

Der Sinn des Lebens? Wir brauchen uns diese Frage eigentlich gar nicht zu stellen. Sie kommt ganz von selbst. Wir brauchen nicht erst zu warten, bis wir fünf Patente erfunden oder das Geschäft unseres Lebens gemacht haben. Die Frage überkommt uns dauernd: Wozu leben?

Da gibt es den 50-jährigen Maschinenschlosser. Täglich geht er in die Fabrik. Jahraus, jahrein. Er tut es ganz gewissenhaft, mit der Pünktlichkeit eines Weckers. Von seiner Arbeit spricht niemand. Man nimmt es als selbstverständlich, dass er dasteht, jeden Morgen. Wozu eigentlich?

Da gibt es die 60-jährige Mutter. Sie denkt oft an ihre drei Kinder, die sie großgezogen hat und die jetzt erwachsen sind. Zwei von ihnen sind auf die schiefe Bahn geraten. Und die Mutter hatte sie doch alle gut erzogen!

Jeder von uns steht vor irgendwelchen (größeren oder kleineren) Problemen. Den einen drücken diese Sorgen, den anderen jene. Und irgendwann überfällt jeden die Frage: Was ist denn der Sinn von alledem? Ist das eigentlich das Leben, das wir leben? Oder haben wir vielleicht das Leben verpasst? Auf diese lebens-entscheidende Frage gibt es nur eine Antwort: Vor Gott zählen nicht Aktien, nicht Diplome, nicht öffentliche Ämter und Ehren, nicht große Taten, die man in der Zeitung bewundert. Auch nicht Erfolg im Beruf oder gesellschaftliches Ansehen. Was vor ihm zählt, ist einzig und allein unser Herz.

Von Alfred Delp, dem 1945 hingerichteten Jesuitenpater, stammt das nachdenkenswerte Wort: „Wenn durch einen Menschen ein wenig mehr Liebe und Güte, ein wenig mehr Licht und Wahrheit in der Welt war, hat sein Leben einen Sinn gehabt."

Reinhard Abeln

Die Güte des Herzens

Ein Rabbi fragte einmal
seine Schüler: Was ist es,
worauf der Mensch
im Leben den größten Wert
legen soll? –
Der eine sagte:
ein wohlwollendes Auge.
Der andere:
ein guter Freund.
Der dritte:
ein guter Nachbar.
Der vierte:
das Schauen der
kommenden Dinge.
Der fünfte schlug vor:
Die Güte des Herzens –
die ist es, worauf
der Mensch den größten
Wert im Leben
legen soll!
Der Rabbi billigte
den fünften Vorschlag
mehr als die anderen vier.
Denn, sagte er,
in der Güte des Herzens
ist alles inbegriffen.

Aus dem Talmud

Ein Engel der Wärme

In einem ländlichen Pflegeheim lebte eine 75-jährige Frau, die schon länger bettlägerig war. Sie ließ es sich nicht nehmen, ihrer Umwelt ganz viel Freude zu machen.

Mit liebenswürdiger Unbefangenheit beschenkte die Frau alle, die zu ihr kamen, mit dem Frieden ihres Herzens. Sie hörte aufmerksam zu, schenkte Trost und gab klugen Rat.

Eines Tages sagte sie lächelnd: „Ich will mit Gottes Hilfe noch ein kleiner Engel sein, von dem Wärme ausgeht."

Reinhard Abeln

Die kleinen Leute von Swabeedo

Vor langer Zeit lebten in dem Ort Swabeedo kleine Leute. Sie wurden die Swabeedoler genannt. Sie waren sehr glücklich und liefen den ganzen Tag mit einem freudig-fröhlichen Lächeln umher.

Wenn sie sich begrüßten, überreichten sie sich gegenseitig kleine, warme, weiche Pelzchen, von denen jeder immer genug hatte, weil er sie verschenkte und sofort wieder welche geschenkt bekam.

Ein warmes Pelzchen zu verschenken, bedeutete für sie: Ich mag dich. So sagten sie sich, dass jeder jeden mochte. Und das machte sie den ganzen Tag froh.

Außerhalb des Dorfes lebte ein Kobold – ganz einsam in einer Höhle. Wenn ein Swabeedoler ihm ein Pelzchen schenken wollte, lehnte er es ab. Denn er fand es albern, sich Pelzchen zu schenken.

Eines Abends traf der Kobold einen Swabeedoler im Dorf, der ihn sofort ansprach: „War heute nicht ein schöner, sonniger Tag?" Und er reichte ihm ein besonders weiches Pelzchen.

Der Kobold schaute ihm in den Rucksack mit den Pelzchen. Dann legte er ihm den Arm vertraulich um die Schulter und flüsterte ihm zu: „Nimm dich in Acht! Du hast nur noch 207 Pelzchen. Wenn du weiterhin so großzügig die Pelzchen verschenkst, hast du bald keine mehr."

Das war natürlich vollkommen falsch gerechnet; denn jeder Swabeedoler hatte, da jeder jedem welche schenkte, immer genug Pelzchen.

Doch kaum hatte der Kobold den verdutzten kleinen Mann stehen lassen, kam schon sein Freund vorbei und schenkte ihm ein Pelzchen. Doch der Beschenkte reagierte nicht wie bisher. Er packte das Pelzchen ein und sagte zu seinem Kollegen: „Lieber Freund, ich will dir einen Rat geben. Verschenke deine Pelzchen nicht so großzügig, sie könnten dir ausgehen."

Bald gaben sich immer öfter Swabeedoler diesen Rat. So kam es, dass Pelzchen nur noch an allerbeste Freunde verschenkt wurden. Jeder hütete seinen Pelzchenrucksack wie einen Schatz. Sie wurden zu Hause eingeschlossen, und wer so leichtsinnig war, damit über die Straße zu gehen, musste damit rechnen, überfallen und beraubt zu werden.

Die kleinen Leute von Swabeedo veränderten sich immer mehr. Sie lächelten nicht mehr und begrüßten sich kaum noch. Keine Freude kam mehr in ihr trauriges und misstrauisches Herz.

Erst nach langer Zeit begannen einige kleine Leute wieder wie früher kleine warme, weiche Pelzchen zu schenken. Sie merkten bald, dass ihnen die Pelzchen nicht ausgingen und dass sich Beschenkte und Schenkende darüber freuten. In ihren Herzen wurde es wieder warm und sie konnten wieder lächeln, auch wenn die Traurigkeit und das Misstrauen nie mehr ganz aus ihren Herzen verschwanden.

Irisches Märchen

Herrlicher als die Sonne

Größer als alle Pyramiden,
als der Himalaya,
als alle Wälder und Meere
ist das menschliche Herz –
es ist herrlicher
als die Sonne
und der Mond
und alle Sterne,
strahlender und blühender –
es ist unendlich
in seiner Liebe.

Heinrich Heine

Man sieht nur mit dem Herzen gut

Der Schriftsteller Peter Härtling notierte nach einer Begegnung mit dem Kollegen Arno Schmidt: „Er nahm die Brille ab, um mich nicht zu sehen …"

Arno Schmidt (1914-1979) war stark kurzsichtig. Wenn er die Brille ablegte, sah er nur noch schemenhafte Umrisse. Er konnte dann sein Gegenüber kaum mehr erkennen; er „versteckte sich, indem er seine Augen entblößte".

Was immer der eigentliche Grund gewesen sein mag, die Brille abzunehmen, vielleicht war es Unsicherheit, Unbeholfenheit, Scheu? Vielleicht war es eine Art Notwehr: Komm mir nicht zu nahe; ich habe ein Bild von dir, das ich nicht ändern möchte; bleib der, als den ich dich kenne …

Andererseits können gerade Brillen zu Masken werden, nicht nur Sonnenbrillen. Sie können, beispielsweise, auch vor Neugierigen schützen und sie können ganz bewusst und ganz gezielt ver-decken, ver-bergen, ver-heimlichen.

Vielleicht gibt es zuweilen auch dazu berechtigten Anlass. Nur, wer bewusst verbirgt, wer ab-sichtlich hinters Licht führt, wer gezielt die Brille ablegt, um den anderen nicht sehen zu müssen, ist gewiss nicht fair. Und wer gar bei einer persönlichen Begegnung ungesehen bleiben möchte, wird schwerlich humane Gründe dafür anführen können.

Mit oder ohne Brillen – am Ende gilt, was schon in Exupery's Kleinem Prinzen steht: „Man sieht nur mit dem Herzen gut – das Wesentliche ist für die Augen unsichtbar."

Und dazu, zu diesem „Mit-dem-Herzen-Sehen", ist jeder Mensch verpflichtet, ganz gleich, ob Jung oder Alt, ob Laie oder Kleriker, ob Mann oder Frau, ob Arm oder Reich, ob mit oder ohne Brille …

Adalbert Ludwig Balling

Die Macht des Herzens

Zeitlos ist
die Macht des Herzens,
die sich als Wohlwollen
kundgibt.

Hans Carossa

Wenn ich der liebe Gott
gewesen wäre,
hätte ich den Menschen
die Augen ins Herz gesetzt.

Zenta Maurina

Mein Herz ist ein Baum,
beladen mit Früchten,
die ich pflücke,
um sie zu verschenken.

Kahlil Gibran

Nur eine Null

Ein König, so wird erzählt, war wegen seiner Freigebigkeit berühmt. An seinem 60. Geburtstag bat ihn eine arme Frau, er möge ihr in ihrem Elend helfen und ihr fünf Taler geben.

Der König schrieb ihr einen Gutschein für seinen Schatzmeister aus. Als die Frau kam, zahlte ihr der Schatzmeister fünfzig Taler.

„Aber ich habe nur um fünf gebeten", bemerkte die Frau.

Der Schatzmeister zeigte ihr, dass der Gutschein über fünfzig Taler lautete.

Da trug die Frau den Gutschein zum König zurück und sagte: „Hoheit, Ihr habt Euch um eine Null geirrt!"

Der König betrachtete den Gutschein und meinte lächelnd: „Tatsächlich – ich habe mich um eine Null geirrt."

Und schrieb fünfhundert Taler.

Überliefert

Der schönste Satz

Bei einem Rundfunk-Wettbewerb wurde diese Frage gestellt: „Welches ist der schönste Satz, den eine Frau hören kann?" Nach vielem Hin und Her bekam eine junge Frau den ersten Preis. „Der schönste Satz", meinte sie, „den eine Frau zu hören bekommen kann, ist, wenn das Baby nachts um drei zu weinen anfängt und ihr Mann spricht: ‚Bleib liegen! Ich gehe schon!'"

Liebe, die diesen Namen verdient, erwartet und verlangt nichts, sondern lässt das *Herz* sprechen und zeigt Interesse am anderen. Liebe, die verlangt, fordert und rechnet, lebt bereits in den letzten Zügen. Liebe, die zwingt, fordert, immer nur haben will, macht den anderen zu einem Objekt, führt ihn in ein kleinkariertes Ghetto, degradiert ihn zu einer Sache.

In der Liebe will der Mensch nicht besitzen, nicht genießen, sondern sich *verschenken*. Christa Peikert-Flaspöhler hat dies einmal so ausgedrückt: „Ich will nicht über dir sein wie ein mächtiger Fels, wie ein fallender Stein, wie ein Kenner, der seinen Schatz bewacht, wie ein Reicher, der sein Gut überdacht. Ich will *für* dich da sein, ich will dir mein Hoffen und Glauben vererben …"

Reinhard Abeln

172

„Seid einfach! Seid herzlich!"

Was die Welt sehen und an uns erleben sollte, ist herzliche Güte. Leben wir nicht zu kompliziert?

Der liebenswürdige Papst Johannes XXIII. (1881 bis 1963) sagte einmal den Berichterstattern des Konzils ein Wort, das auch uns Richtschnur im Alltag sein könnte: „Lasst alle überflüssigen Schnörkel weg! Seid einfach! Seid herzlich! Versucht es wenigstens!"

Und einem besonders lästigen Diplomaten gegenüber bemerkte er: „Solange es mir vergönnt ist, ziehe ich es vor, mehr Wärmespender als Kälteträger zu sein."

Reinhard Abeln

Der reiche Kaufmann

„Auf dein Herz kommt es an" könnte man eine alte Geschichte überschreiben: Ein reicher Kaufmann konnte nie genug bekommen.

Auf einer seiner Reisen hörte er die verführerische Stimme: „Möchtest du reicher werden als alle anderen?" „Nichts ist mir lieber als das!", antwortete der Kaufmann. „Was muss ich tun?" „Du musst dein *Herz* dafür geben!"

Ohne Zögern gab er sein Herz und bekam dafür einen *Stein.* So wurde er hart und reicher als andere Menschen; aber auch immer einsamer und verlassener.

Einmal begegnete ihm St. Nikolaus von Myra: „Warum bist du so traurig?" Da erzählte der reiche Kaufmann seine Geschichte. Nikolaus tröstete ihn: „Du kannst wieder froh und *glücklich* werden, wenn du dein Geld an Arme verschenkst. Geh, suche Krankheit und Hunger und die Not der Menschen!"

Der Kaufmann folgte seinem Rat. Und mit jedem guten Wort und jeder helfenden Tat schmolz langsam der Stein in seiner Brust; und er spürte wieder sein Herz. Als er starb, war aus dem armen Reichen ein reicher Armer geworden!

Überliefert

Wer wartet am heutigen Tag auf mich?

Eine kleine Begebenheit hat sich in Rom zugetragen: Ein Studienrat an einem Gymnasium musste sich einer schweren Operation unterziehen, für die eine Bluttransfusion nötig war. Ein Schüler nach dem anderen meldete sich, um für seinen Lehrer Blut zu spenden.

Bald hatten die Ärzte jene drei Liter Blut zur Verfügung, die notwendig waren, damit der Patient eine Operation überstehen konnte. Es gab weit mehr Blutspender unter den Schülern, als Blut gebraucht wurde.

Diese Begebenheit ist ein Ruhmesblatt für den Lehrer, der zu seinen Schülern ein hervorragendes Verhältnis hatte. Sie ist aber auch ein Ruhmesblatt für die heutige Jugend. Es gibt viele junge Menschen, die Gutes tun, ohne dass davon etwas in der Öffentlichkeit bekannt wird.

Immer wieder lesen wir in der Zeitung, sehen im Fernsehen und hören Radio, wenn Institutionen zu Blutspenden aufrufen. Es ist schön, wenn sich viele von diesen Aufrufen ansprechen lassen. Einem Mitmenschen Blut zu spenden, ist eine Tat der Nächstenliebe.

Mehr noch: Nicht nur auf unser Blut warten viele Menschen, sondern auch auf die Liebeskraft unseres Herzens. Und jeder möge sich einmal die

Frage stellen: Für wen lebe ich? Wer wartet heute darauf, etwas von meiner Liebe geschenkt zu bekommen?

Es sind nicht nur die Menschen, die mir nahestehen, Eltern und Geschwister, Frau und Kinder, sondern auch die Arbeitskameraden – dazu jeder, der mir heute über den Weg geht, jeder, mit dem ich heute einen Blick tausche, ein Wort wechsle, jeder, dem ich heute einen Liebesdienst erweisen kann.

„Alles, was ihr einem der Geringsten meiner Brüder getan habt, das habt ihr mir getan", sagt Jesus. Wie reich und froh kann jeder Tag werden, wenn ich mein Herz durch Wort und Tat verschenke, wenn ich nicht spare mit der Kraft meiner Liebe. Auch das ist eine Blutspende!

Reinhard Abeln

Mit den Augen des Herzens

Wer andere Menschen
mit den Augen
des Herzens sieht,
wohlwollend,
will ihnen Gutes.

Wer andere mit Liebe betrachtet,
beschenkt sie.
Wer sie mit guten Augen sieht,
segnet und liebt.

Adalbert Ludwig Balling

Wie wohltuend sind „Menschen mit Herz"

Ein Händedruck zwischen zwei Menschen ist oft gedankenlos und flüchtig. Ja, er kann geradezu lästig werden. Das wissen wir alle aus eigener Erfahrung. So ein Händedruck kann aber auch viel mehr sein: ein Vertrag zwischen zwei Personen, die zu ihrem Wort stehen und unverbrüchlich an ihm festhalten.

Ein Beispiel dafür geben zwei Menschen aus München: Es handelt sich um Karl B., einen mehrfachen Hausbesitzer, und Therese L., eine 70-jährige Kiosk-Betreiberin. Schon seit zwanzig Jahren darf die mittlerweile betagte Dame ihren sechs Quadratmeter großen Zigaretten- und Zeitungskiosk auf dem Münchner Grundstück ihres Gönners betreiben, ohne einen Pfennig Pacht dafür bezahlen zu müssen.

Es ist ein hübsches Sümmchen Geld, auf das Karl B. da seit zwei Jahrzehnten verzichtet hat, denn 250 Euro Platzmiete fordert die Stadt München monatlich für einen solchen Kiosk. Das sind in zwanzig Jahren 60 000 Euro!

Karl B. sagt dazu lediglich: „Ich habe der Frau damals vor zwanzig Jahren in die Hand versprochen: ‚Zahlen brauchen Sie nichts dafür.'" Und bis zum heutigen Tag hat dieser „Mann mit Herz", wie ihn Therese L. nennt, sein per Handschlag gegebenes Versprechen gehalten. Mehr noch: Karl B. zahlt auch den Strom und die Wartungskosten für den kleinen Kiosk. Entsprechend begeistert fällt das Urteil von Therese L. über ihren Wohltäter aus: „Herr B. ist ein richtiger Schatz."

Ein Händedruck, vor zwanzig Jahren gegeben, hat also heute noch seine unumschränkte Gültigkeit. Sicher ist dies eine altmodische Weise, miteinander einen Vertrag zu schließen, aber es ist oft die ehrlichste unter allen vertraglichen Übereinkünften. Und vor allem: Dabei gibt es kein Kleingedrucktes, das man übersehen oder überlesen könnte.

Wie wohltuend ist es, wenn wir auf einen solchen „Menschen mit Herz" treffen! Dieser Mensch ist für den anderen da; er will nicht besitzen, sondern schenken. Er hilft, wo er kann. Er fragt nicht: Was bekomme ich dafür? Er verlangt nichts, fordert nichts, rechnet nicht – er gibt!

Reinhard Abeln

Wer ein großes Herz hat

Wann ist ein Mensch groß?
Nicht wenn er Reichtümer hat,
viel Land,
einen Namen
oder viel Macht und Einfluss.
Groß ist ein Mensch,
wenn er groß-mütig ist,
groß-zügig,
groß-herzig.
Nur wer ein großes Herz hat,
ist wirklich groß!

Adalbert Ludwig Balling

Auf die Herzlichkeit kommt es an

Von Albert Schweitzer, dem großen Theologen, Arzt und Musiker, stammt die Feststellung: „Es herrscht viel Kälte unter den Menschen, weil wir nicht wagen, uns so herzlich zu geben, wie wir sind."

Albert Schweitzer (1875–1965) gründete und leitete das Urwaldhospital in Lambarene und erhielt 1952 den Friedensnobelpreis. Sein Leben stand ganz im Dienst der Hilfsbereitschaft. Er strahlte eine überzeugende Ruhe aus und dazu eine einzigartige Liebenswürdigkeit.

Viel Kälte ist unter uns. Warum eigentlich? Vielleicht hat uns der Alltag abgenutzt, der Alltag, der oft so eintönig ist. Was man jeden Tag tut, kann einen abstumpfen. Manche haben vielleicht auch bittere Erfahrungen gemacht und ziehen sich in sich selbst zurück. Für eine aufrichtige Herzlichkeit aber muss man innerlich frei sein, frei von sich – frei für andere, damit die Güte nicht unter Dornen und Disteln erstickt.

Wie findet man zu einer echten, herzerfrischenden Herzlichkeit? Die Dichterin Maria Nils sagt: „Glaub nur, sie brauchen dich, die Menschen, die mit dir gehen. Sie brauchen dein Gutsein und Verstehen, deinen blanken, geraden Sinn, der die Treue kennt und die Wahrheit spricht. Sie brauchen die Reinheit deiner Gestalt und deines Wortes klare Gewalt – und das, was ihnen am meisten gebricht: dein Wissen um das Ewige Licht."

Das sind herrliche Worte, gesprochen in einer Zeit, in der die Menschen sich mehr aus-einander leben als dass sie mit-einander und für-einander leben. Wenn man diese Worte praktiziert, dann können Menschen, die vielleicht vor lauter Bitterkeit erstarrt sind, wieder auftauen!

Ja, es ist wahr, es gibt so viel Kälte unter den Menschen, weil wir es nicht wagen, uns so herzlich zu geben, wie wir sind. Manche meinen, es sei ein Risiko, sich auf den anderen einzulassen. Solches Denken ist radikal falsch. Wer zu anderen herzlich und gut ist, so, wie es ihm ums Herz ist, der entdeckt eine wunderbare Fähigkeit: Ich kann aus meinem Gehäuse heraus-gehen und auf andere zu-gehen.

Lassen Sie es mich noch deutlicher sagen: Ob ich gar nicht oder nur flüchtig grüße, ist nicht egal. Ob ich mich nach dem Befinden eines älteren Menschen erkundige oder einen unbequemen Menschen übersehe, ist nicht egal. Das löst die Erstarrung, baut Vor-urteile ab. Wenn ich nur erfüllt bin von meiner Wichtigkeit und dem, was ich zu sagen habe, bleibt im Gespräch kein Platz mehr, in dem sich der andere unterbringen kann.

Um die Haltung der Herzlichkeit können wir am Morgen eines Tages beten: „Herr, öffne meine Augen, meine Ohren, meinen Mund und mein Herz, dass ich nicht gleichgültig oder gar missgestimmt den heutigen Tag beginne. Wecke in mir die Fähigkeit, die Kälte unter den Menschen aufzutauen – durch meine aufrichtige Herzlichkeit. Lass mich, wenn auch nur einen bescheidenen – so doch ehrlichen Beitrag leisten, dass wir Menschen uns nicht aus-einander leben, sondern mit-einander umgehen!"

Man kann nicht jeden Tag etwas Großes tun, wohl aber jeden Tag etwas Gutes!

Reinhard Abeln

Das Brot der Liebe brechen

Mittelmeerinsel Rhodos. Auf einer benachbarten Insel lebte der Seher von Patmos, der Lieblingsjünger Jesu, Johannes, der Evangelist. Paulus, der Völkerapostel, bereiste weite Regionen in der heutigen Türkei und in Griechenland; ferner die Inseln Kreta und Malta, ehe er in Rom sein Quartier aufschlug. Rhodos ist auch heute noch voller Zeugen des frühen Christentums, nicht zuletzt jedoch der mittelalterlichen Kreuzritter und ihrer Burgen.

Was mich allerdings mehr beeindruckte als Ruinen und Relikte aus früheren Epochen bzw. die einstigen Grabesritter, war die Herzlichkeit der Inselbewohner, vor allem die liebevolle Selbstverständlichkeit, mit der ich bei griechisch-orthodoxen Mönchen eines Mittags zur Agape geladen wurde.

Als ich am Fest des heiligen Konstantin und seiner Mutter, der hl. Helena (es wird auf Rhodos im Mai gefeiert), das Kloster Moni Thari besuchte, da saßen die Mönche und ihre Gäste gerade unter einem schattigen Baum und bewirteten einander mit Fisch, Brot, Äpfeln und Wein.

Kaum hatten sie mich erspäht, da luden sie mich ein, mit ihnen zu feiern. Einer ihrer Fratres, ein Amerikaner, führte mich anschließend durch Kloster und Kirche. Es war insgesamt eine sehr

herzliche Atmosphäre und beim Abschied um-
armten wir uns, als kennten wir einander schon
seit Jahrzehnten …

Sie, die Mönche von Moni Thari, brachen in
der Tat das Brot der Liebe, auch mit Fremden.
Und ihre Freude war echt, gewachsen im Geist des
Evangeliums!

Wie weit sind *wir* willens, unser Brot mit Frem-
den zu brechen? Das Brot der Liebe. Das Brot der
Geduld. Das Brot der uns verfügbaren Zeit? Das
Brot der Freude?

Adalbert Ludwig Balling

Ausgerechnet eine Bulldogge

Ein amerikanischer Schauspieler erwiderte auf die Frage eines Journalisten, weshalb er seinen Kindern ausgerechnet eine Bulldogge geschenkt habe: „Damit sie viel Liebe hinter dem hässlichen Gesicht entdecken – und in Zukunft nicht nach dem Äußeren urteilen."

Vielleicht muss der eine oder andere schmunzeln, wenn er dies zum ersten Mal liest. Aber je mehr er darüber nachdenkt, desto deutlicher wird er feststellen, dass auch ihm schon viele „Bulldoggen" über den Weg gelaufen sind, dass auch ihm schon viele Menschen begegnet sind, über die er – aufgrund ihrer äußeren Erscheinung – vorschnell geurteilt hat.

Wie oft haben wir in unserem Leben Menschen nur nach dem Äußeren beurteilt! Wie oft haben wir uns von willkürlichen Annahmen beherrschen lassen, die nicht der Erfahrung, sondern nur der vorgefassten Meinung entsprangen! Wie viele Vorurteile, wie viele selbst gebaute Mauern und wie viele Antipathien schleppen wir alle Tage mit uns herum.

Wir müssen unsere Mitmenschen wieder mit dem Herzen sehen lernen. Und das geht am besten, wenn wir uns nicht darüber ärgern, dass die Rose auch Dornen hat, sondern wenn wir uns freuen, dass der Dornenstrauch Rosen trägt.

Reinhard Abeln

Jesus schenkt neues Leben

„Auch wer die vier Evangelien nur flüchtig liest", schreibt Georg Moser, „kann nicht übersehen, wie Jesus, wohin immer er kommt, Leben stiftet. Leben wollte er wecken, erneuern und vertiefen: Leben aus der Kraft Gottes, Leben für die Menschen. Die vielen, deren Leben siech, verkümmert war, blühten in der Umgebung Jesu auf. Jene, die sich fragen mussten: Ist denn das noch ein Leben? Jene, die festgefahren waren und keinen Sinn mehr sahen und sich selber nicht mehr helfen konnten – sie fanden in der Nähe Jesu neues Leben" (Mut zur Liebe, Freiburg i. Br., 1987, S. 20).

Da war zum Beispiel Simon Petrus. Er hat den Herrn dreimal verleugnet. Der Herr blickte ihn an, neigte sich ihm liebevoll zu und vergab ihm. Das Verhalten Jesu hat Petrus „umgeworfen". Er merkte: Jesus hat mich immer noch gern, obwohl ich das getan habe. „Und er ging hinaus und weinte bitterlich" (Mt 26,75).

Da war der rechte Schächer. Er schimpfte zuerst mit seinem Kollegen. Dann besann er sich, fand die richtigen Worte und schon neigte sich Jesus ihm zu: „Heute noch wirst du mit mir im Paradiese sein" (Lk 23,43). Die Zuneigung des Herrn machte ihn, wenn nicht zu einem Heiligen, so doch zu einem „Paradiesesanwärter".

Wunderbar ist dieses „Du mit mir"! In diesen drei Worten offenbart sich die königliche Größe des Herrn. Er hätte sich auch nüchterner, unpersönlicher ausdrücken können. Er tut es nicht. Das herzliche „Du mit mir" zeigt, dass Jesus ein „Mensch", ein „menschlicher Mensch", ein „Mensch mit Herz" gewesen ist. Bei ihm atmen Menschen auf, werden frei und froh.

Reinhard Abeln

Was von Herzen kommt

Wer reich ist im Herzen,
hat keine Not,
mit denen zu teilen,
die weniger haben als er.

Adalbert Ludwig Balling

Wie das Wasser ein Spiegel
ist für das Gesicht,
so ist das Herz des Menschen
ein Spiegel für den Menschen.

Sprichwörter 27,19

Was von Herzen kommt,
geht auch zu Herzen.
Was nicht von Herzen kommt,
geht nicht zu Herzen.

Sprichwort

Das schönste Denkmal,
das ein Mensch bekommen kann,
ist im Herzen des Menschen.

Albert Schweitzer

Der Reichste ist der
mit Herz,
der Ärmste ist der,
der sich zu viel wünscht.

Josef Küpper

Nur die Liebe zählt

Es gibt keine größere Kraft
als die Kraft der Liebe.
Sie überwindet den Hass
wie das Licht die Finsternis.

Martin Luther King

Was zählt und überlebt

Ein altes Märchen erzählt, wie ein junger, wiss-begieriger König die Gelehrten seines Landes beauftragte, für ihn alles Wissenswerte der Welt aufzuschreiben. Sie machten sich bald an die Arbeit. Nach vierzig Jahren legten sie das Ergebnis in tausend Bänden vor. Der König, der inzwischen schon sechzig Jahre alt geworden war, sagte: „Tausend Bücher kann ich nicht mehr lesen. Kürzt alles auf das *Wesentliche*!"

Nach zehn Jahren hatten die Gelehrten den Inhalt der Geschichte der Menschen in hundert Bänden zusammengefasst. Der König sagte: „Das ist noch zu viel. Ich bin schon siebzig Jahre alt. Schreibt nur das *Wesentliche*!"

Die Gelehrten machten sich erneut an die Arbeit und fassten das Wichtigste in einem einzigen Buch zusammen. Sie kamen damit, als der König schon im Sterben lag. Dieser wollte wenigstens noch das Wesentlichste aus der Arbeit der Gelehrten erfahren. Da fasste der Vorsitzende der Gelehrtenkommission das Wesentlichste der Geschichte der Menschheit in einem einzigen Satz zusammen: „Sie lebten, sie litten, sie starben; und was zählt und überlebt, ist die *Liebe*."

Überliefert

Die Wahrheit der Liebe

Václav Havel verbrachte mehrere Jahre hinter Gittern – zur Zeit der kommunistischen Herrschaft in der Tschechoslowakei. Aus dieser Zeit stammen seine „Briefe an Olga", persönliche Mitteilungen an seine Frau. Seine Texte gehen aber weit über das Persönliche hinaus.

Immer wieder spielen weltanschauliche und philosophische Themen eine Rolle. Immer wieder kommt Havel auch auf seine Schwermut und seine depressiven Stimmungen zurück; sie kämen und gingen – und er wisse oft gar nicht, was sie beeinflusse:

„Hier genügt wirklich wenig, um die Stimmung zu bessern – ein freundliches Wort, ein wenig Interesse des Nächsten am Nächsten, der Blick auf einen Baum. Der völlige Mangel an auch nur irgendetwas Schönem, Erhebendem, an positiven Gefühlserlebnissen und Erfahrungen führt den Menschen zu einem besonderen Dürsten, das sich oftmals darin zeigt, dass man sich rühren oder erheben lässt – etwa auch von irgendeinem Fernsehspiel, das der Verstand seiner Verlogenheit wegen eigentlich verurteilen müsste."

Luise Rinser sagte, es gebe für die Seelenkrankheit, die Schwermut heiße, nur eine Medizin: „Andere lieben und ihnen was Gutes tun; dann, auf einmal, weiß man wieder, wozu man lebt!"

Adalbert Ludwig Balling

Liebe macht's möglich

Schweigst du,
so schweige aus Liebe;
sprichst du,
so sprich aus Liebe;
rügst du,
so rüge aus Liebe;
schonst du,
so schone aus Liebe.

Aurelius Augustinus

Macht können wir
durch Wissen erlangen,
aber zur Vollendung
gelangen wir nur
durch die Liebe.

Rabindranath Tagore

Wir sind alle
in dem Maße
Menschen geworden,
indem wir Menschen
geliebt haben
oder Anlass zu lieben
hatten.

Boris Pasternak

Man schafft nichts,
wenn man nicht liebt.
Im Leben ist alles möglich,
wenn es auf Liebe beruht.

Marc Chagall

„Gebt, dann wird auch euch gegeben werden"

Kalenderblätter enthalten oft lesenswerte Geschichten. So auch diese: Ein Reicher starb und begehrte Einlass in den Himmel. Da fragte ihn Petrus, was er denn für gute Werke aufzuweisen habe, die sein Hineinkommen rechtfertigten.

„Nun, gute Werke weniger", sagte der Mann. Es sei denn, dass er ein Leben lang hart geschuftet habe, keinen unnötigen Luxus kannte und es auf diese Weise zu etwas gebracht habe. „Ich kannte", so beteuerte er, „mein ganzes Leben lang keine unnütze Zeitverschwendung, liebte nur Gewissenhaftigkeit, Pünktlichkeit und Ordnung."

„Das alles ist schon recht", sagte Petrus, „aber hast du denn nie einem Bettler ein Almosen, einem Armen ein Geldstück oder einem Bedürftigen eine Unterstützung zukommen lassen?" Nach langer Überlegung fiel dem Mann ein, dass er einmal einem ganz hartnäckigen Bittsteller zwei Euro gegeben habe – wohl, weil er ihn nicht anders los werden konnte!

„Ich werde nachfragen", meinte der Mann mit dem Himmelsschlüssel, „ob das genügt." Nach geraumer Zeit erschien er wieder, drückte dem Wartenden ein Geldstück in die Hand und sagte: „Hier, du Geizkragen, hast du deine zwei Euro wieder!"

„Gebt, dann wird auch euch gegeben", heißt es im Lukastext der Heiligen Schrift. „In reichem, vollem, gehäuftem, überfließendem Maß wird man euch beschenken; denn nach dem Maß, mit dem ihr messt und zuteilt, wird auch euch zugeteilt werden" (Lk 6,38).

Wer aber gibt schon gerne von dem, was er sich selbst mühsam erworben und unter Verzicht zusammengespart hat? Schließlich schuldet man der Öffentlichkeit – und sei es nur der Nachbarschaft oder den Kollegen – ein gewisses Ansehen. Man hat ein Recht darauf, die Früchte seiner Mühe zu genießen. Der andere soll sich eben auch anstrengen, damit er es zu etwas bringt. Wie sagt doch das Sprichwort: „Ohne Fleiß keinen Preis!"

Ein bisschen rückt eine solche Einstellung den Menschen in die Nähe unseres Geizkragens vom Kalenderblatt. Aber nichts zu geben bedeutet Hartherzigkeit gegenüber dem Elend, der Krankheit und der Not vieler Menschen.

Zu helfen ist nicht allein die Aufgabe der dafür zuständigen (staatlichen und kirchlichen) Fürsorgeeinrichtungen. Es ist unser aller Aufgabe. „Gebt, dann wird auch euch gegeben werden", heißt es bei Lukas.

Übrigens – und auch das soll hier nicht verschwiegen werden – kennt unser Leben auch noch andere Gaben als nur Geld. Vielleicht sind sie sogar noch wichtiger. Ich meine die Liebe und den Dank. Beides muss nicht wortreich beteuert werden. Es soll gelebt werden und sich im Alltag bewähren.

Liebe und Dank verlangen immer wieder nach einem kleinen Zeichen der Aufmerksamkeit und der Anerkennung, sonst sind sie zu sehr der Gefahr der Gewohnheit und der Gleichgültigkeit ausgesetzt.

Ja, Liebe und Dank rücken die Dienste, die wir in Selbstverständlichkeit füreinander tun, in ein neues Bewusstsein. Wir sollten deshalb mit diesen Gaben nie zu sparsam umgehen. Wenn wir sie schenken, werden wir nicht ärmer; zudem wecken sie Freude – und was braucht der Alltag mehr als diesen Lichtstrahl der Freude!

Reinhard Abeln

Liebe ist stärker als Hass

Martin Luther King sagte einmal sinngemäß
zu seinen Gegnern:
Wir werden eure Fähigkeit,
uns Leid zuzufügen,
durch unsere Fähigkeit,
Leid zu ertragen, wettmachen:
„Werft uns in Gefängnisse,
wir werden euch trotzdem lieben;
bombardiert unsere Häuser
und bedroht unsere Kinder –
wir werden euch dennoch lieben!"

Liebe ist stärker als Hass.
Hass ist eine große Belastung –
für die Hassenden;
Liebe lässt Flügel wachsen …

Adalbert Ludwig Balling

Drei Freunde

Ein Mann hatte drei Freunde. Zwei derselben liebte er sehr; der dritte war ihm gleichgültig, ob dieser es gleich am redlichsten mit ihm meinte.

Einst ward er vor Gericht gefordert, wo er hart, aber unschuldig verklagt war. „Wer unter euch", so sprach er, „will mit mir gehen und für mich zeugen? Denn ich bin hart verklagt worden und der König zürnt."

Der erste seiner Freunde entschuldigte sich sogleich, dass er wegen anderer Geschäfte nicht mit ihm gehen könne.

Der zweite begleitete ihn bis zur Tür des Rathauses; da wandte er sich und ging zurück, aus Furcht vor dem zornigen Richter.

Der dritte, auf den er am wenigsten gebaut hatte, ging hinein, redete für ihn und zeugte von seiner Unschuld so freudig, dass der Richter ihn losließ und reichlich beschenkte.

Drei Freunde hat der Mensch in der Welt. Wie betragen sie sich in der Stunde des Todes, wenn ihn Gott vor Gericht fordert?

Das *Geld*, sein bester Freund, verlässt ihn zuerst und geht nicht mit ihm.

Seine *Verwandten und Freunde* begleiten ihn bis zur Tür des Grabes und kehren wieder in ihre Häuser zurück.

Der dritte, den er im Leben oft am meisten vergaß, sind seine *wohltätigen Werke*. Sie allein begleiten ihn bis zum Throne des Richters; sie gehen voran, sprechen für ihn und finden Barmherzigkeit und Gnade.

Johann Gottfried Herder

Mitternachtssonne

Es war im „hohen Norden" unseres Kontinents. Erstmals erlebte ich den „ewigen Sonnenschein." Die Mitternachtssonne nördlich des Polarkreises.

Eines Tages wurden zum Nachtisch „arktische Himbeeren" serviert. Ich zuckte mit den Schultern, wollte ablehnen. Da machte mich die Hausfrau auf etwas Besonderes aufmerksam: „Bedenken Sie", sagte sie, „diese Beeren reiften in der Mitternachtssonne. Tagelang wurden sie beschienen, bestrahlt, gewärmt – von der Sonne ununterbrochen geküsst!"

Sie schmeckten fantastisch. Etwas kernig, aber mit einem Aroma, das ich in noch keiner anderen Frucht unseres Erdteils so stark empfunden hatte.

Lange noch habe ich darüber nachgedacht – über diese arktischen Himbeeren. Da herrscht sonst klirrende Kälte. Da liegen meterhohe Schneeschichten über den Sträuchern. Dann kommt die Sonne. Schmilzt und wärmt, wärmt und schmilzt – bis die Erde frei wird, bis die Triebe kommen, bis die Blätter wachsen, bis die Früchte reifen. Immerzu Sonne. Wärme. Licht. Ohne Ende. Den Sommer lang!

Da ging mir ein Licht auf: Der Wärme kann sich nichts verschließen, nicht auf Dauer. Den wärmenden Strahlen der Sonne nicht und nicht den Strahlen der Liebe. Wer mit Liebe be-handelt, macht's wie die Mitternachtssonne: Selbst in frostigen Regionen lässt sie Süßes reifen …

Adalbert Ludwig Balling

Der bessere Weg

Ein kleiner Junge, der auf Besuch bei seinem Großvater war, fand eine kleine Landschildkröte und ging gleich daran, sie zu untersuchen. Im gleichen Moment zog sich die Schildkröte in ihren Panzer zurück und der Junge versuchte vergebens, sie mit einem Stöckchen herauszuholen.

Der Großvater hatte ihm zugesehen und hinderte ihn, das Tier weiter zu quälen. „Das ist falsch", sagte er, „komm, ich zeig dir, wie man das macht." Er nahm die Schildkröte mit ins Haus und setzte sie auf den warmen Kachelofen. In wenigen Minuten wurde das Tier warm, steckte seinen Kopf und seine Füße heraus und kroch auf den Jungen zu.

„Menschen sind manchmal wie Schildkröten", sagte der alte Mann. „Versuche niemals, jemanden zu zwingen. Wärme ihn nur mit etwas Güte auf und er wird sicherlich tun, was du möchtest."

Überliefert

Eine fromme Legende aus Korea

Es war einmal ein schneidiger General, dessen Herzenswunsch es war, in den Himmel zu kommen. Als sich sein Leben dem Ende näherte, war er willens, vor Petrus hinzutreten. Sein Einlass schien kein Problem zu sein, jedoch der General hatte noch eine „kleine Bitte" an den himmlischen Schlüsselwart:

„Um den Himmel so richtig schätzen zu können, lieber Petrus, müsste ich eigentlich erst mal einen Blick in die Hölle werfen. Weißt du, als General war ich es immer gewohnt, das Gelände meiner Feinde zu erkunden; erst dann war es mir möglich, die richtige Strategie zu entwickeln. Also, würdest du mir diesen Gefallen erweisen?"

Petrus nickte verständnisvoll und sogleich zeigte er dem General die Hölle. Da saßen sie – an üppig gedeckten Tischen und der General war bass erstaunt. Das soll die Hölle sein? Bei solch festlichen Gelagen?

Nein, er verstand die Welt nicht mehr. Doch ehe er den heiligen Petrus daraufhin ansprach, entdeckte er etwas Eigenartiges: Die Essstäbchen, die die Leute in der Hölle benützten, waren viel zu lang. Sie waren in der Tat so lang, dass die einzelnen Bissen niemals den Mund erreichen konnten.

Tief bestürzt wandte sich jetzt der General an Petrus und sagte: „Ja, jetzt begreife ich es; das ist wirklich die Hölle! Die Ärmsten haben zwar üppige Menüs auf ihren Tischen, aber sie scheinen endlos zu hungern …"

Anschließend ließ er sich von Petrus zum Himmel zurückführen. Dort – der General war nicht minder erstaunt – war der gleiche reich gedeckte Tisch – und auch hier waren die Essstäbchen länger als die Arme. Aber – und das war der große Unterschied – die Seligen des Himmels fütterten sich gegenseitig!

Der General war überwältigt. „Jetzt weiß ich es", rief er, in die Hande klatschend, „der Himmel ist die gegenseitige Liebe!"

„Nicht nur", ergänzte Petrus, „auch der richtige Abstand gehört dazu!"

Adalbert Ludwig Balling

Die Frau und die Zwiebel

Es lebte einmal ein altes Weib, das war sehr, sehr böse. Eines Tages starb es. Diese Alte hatte in ihrem Leben keine einzige gute Tat vollbracht. Da kamen denn die Engel, ergriffen sie und warfen sie in den Feuersee.

Ihr Schutzengel aber stand da und dachte: Kann ich mich denn keiner einzigen guten Tat von ihr erinnern, um sie Gott mitzuteilen? Da fiel ihm etwas ein und er sagte zu Gott: „Sie hat einmal", sagte er, „aus ihrem Gemüsegärtchen ein Zwiebelchen herausgerissen und es einer Bettlerin gegeben."

Und Gott antwortete ihm: „Nimm", sagte er, „dasselbe Zwiebelchen und halte es ihr hin in den See, sodass sie es ergreifen und sich herausziehen kann, und wenn du sie aus dem See herausziehen kannst, so möge sie in das Paradies eingehen, wenn aber das Zwiebelchen reißt, so soll sie bleiben, wo sie ist."

Der Engel lief zum Weib und hielt ihr das Zwiebelchen hin: „Nun", sagte er zu ihr, „fass an und wir wollen sehen, ob ich dich herausziehen kann." Und er begann vorsichtig zu ziehen – und zog sie beinahe schon ganz heraus.

Als aber die anderen Sünder im See bemerkten, dass sie herausgezogen wurde, klammerten sie sich alle an sie, damit man auch sie mit ihr zusammen herauszöge.

Aber das Weib war böse, sehr böse und stieß sie mit ihren Füßen zurück und schrie: „Nur mich allein soll man herausziehen und nicht euch; es ist mein Zwiebelchen, nicht eures."

Wie sie aber das ausgesprochen hatte, riss das kleine Pflänzchen entzwei. Und das Weib fiel in den Feuersee zurück und brennt dort noch bis auf den heutigen Tag. Der Engel aber weinte und ging davon.

F. M. Dostojewskij

Von der Theologie des Streichelns

Bischof Reinhold Stecher von Innsbruck wurde eines Tages eingeladen, bei schwerstbehinderten Kindern das Sakrament der Firmung zu spenden. Der Anstaltsgeistliche hatte ihm zuvor deutlich zu verstehen gegeben, dass die Predigt auf keinen Fall länger als zwei, drei Minuten dauern dürfe.

Schwierig, dachte Stecher; in maximal drei Minuten Behinderten das Sakrament zu deuten! Aber dann versuchte er es doch. Die Firmlinge standen in Reihe und Glied – zusammen mit ihren Eltern und Paten und Bischof Reinhold hob an.

„Liebe Kinder, die Mama und der Papa und eure Geschwister und Tanten – sie alle haben euch lieb. Und die Schwestern hier im Haus haben euch lieb. Sie wollen euch zeigen, dass sie euch gern haben. Dann streicheln sie euch über den Kopf, die Haare und die Wangen – so wie ich das jetzt beim Rudolf und bei der Anita mache. Und bei der heiligen Firmung, da streichelt euch auch der liebe Gott, weil er euch sehr lieb hat. Wenn ich also mit diesem heiligen Öl euch ein Kreuzzeichen auf die Stirn mache, streichelt euch auch der liebe Gott …"

Und dann bei der Firmung kommt der Bischof zu einem Buben, den die Mutter nur mühsam in den Armen hält; fahrige Bewegungen eines

Spastikers. Als er ihm das Kreuz mit dem heiligen Öl auf die Stirn machen will, verzerrt sich das Gesicht des Buben und er gurgelt mühsam hervor: „Scht-reich-eln …"

Dem Bischof kamen die Tränen und auch der Mutter des behinderten Jungen.

Stecher schrieb später, kein Predigtecho und kein tosender Beifall in einer Kongresshalle hätten ihn je so gefreut wie dieses Wörtchen *streicheln* des Schwerstbehinderten. Und er reflektierte weiter: In der gesamten Heilsgeschichte spiele das sanfte Streicheln eine Rolle. Da sei zum Beispiel die Rede vom „milden Morgenwind", in dem der Herr das Paradies betrete, und vom „Säuseln des Windes", das Elija auf dem Berg Horeb spürte, oder der Blinde, dem Jesus über die Augen strich, bzw. der Taubstumme, dem er Ohren und Zunge berührte (vgl. R. Stecher: Heiter-besinnlich rund um den Krummstab, Tyrolia, Innsbruck 1991).

Ganz besonders schön und einfühlsam muss es der verlorene Sohn gespürt haben bei der Umarmung seines Vaters – nach seiner Rückkehr aus der Ferne.

Adalbert Ludwig Balling

Die drei Fragen des Königs

Es dachte einmal ein König, er würde alles richtig machen, wenn er nur die rechte Zeit wüsste, in der er ein Werk zu beginnen habe; und wenn er immer wüsste, mit welchen Menschen er sich einlassen solle und mit welchen nicht; und wenn er immer den Überblick habe, welches von allen Werken das wichtigste sei.

Er rief die gelehrten Männer seines Landes zusammen, aber sie gaben ihm unterschiedliche Antworten, die ihn nicht befriedigten. Da beschloss er, einen Einsiedler zu befragen, dessen Weisheit in großem Rufe stand.

Der Einsiedler grub gerade die Beete vor seiner Hütte um und machte einen erschöpften Eindruck. Darum nahm ihm der König den Spaten ab und grub Stunde um Stunde die Erde um, während sich der Einsiedler in Schweigen hüllte.

Gegen Abend kam aus dem Wald ein bärtiger Mann, der schwerverwundet war. Der Einsiedler und besonders der König pflegten ihn, so gut sie konnten. Darüber wurde es Abend. Schließlich war der König so ermüdet, dass er auf der Schwelle einschlief.

Im Morgengrauen gestand ihm der bärtige Mann mit schwacher Stimme, er habe ihn wegen des Todesurteils an seinem Bruder töten wollen, aber jetzt habe er ihm das Leben gerettet; darum wolle er mit seinen Söhnen ihm ein Leben lang dienen. Der König verzieh ihm, versprach ihm, seinen Arzt zu schicken, und suchte wieder den Einsiedler, um ihm seine drei Fragen vorzulegen.

„Du hast doch deine Antwort schon bekommen", erwiderte der Einsiedler. „Hättest du mir gestern nicht die Arbeit abgenommen, hätte dieser Mann dich überfallen. Somit war die richtige Zeit jene, in der du meine Beete umgrubst, und ich war der wichtigste Mann und das wichtigste Werk war, mir Gutes zu tun. Danach war die wichtigste Zeit, den verwundeten Mann zu pflegen; sonst wäre er verblutet, ohne sich mit dir zu versöhnen. Da war er für dich der wichtigste Mensch und das, was du ihm getan hast, das wichtigste Werk.

Merke dir also: Die wichtigste Zeit ist immer der Augenblick.

Der wichtigste Mensch ist immer der, mit dem uns der Augenblick zusammenführt.

Und das wichtigste Werk ist immer, ihm Gutes zu erweisen – nur dazu ward der Mensch ins Leben gesandt."

Nach Leo N. Tolstoi

Die Indianer haben recht

Ein Indianerhäuptling sagte einmal,
er finde es seltsam,
wenn Weiße, die ihm und seinen Landsleuten
sonst recht wohlgesonnen seien,
plötzlich und dann gar vehement
ablehnend reagierten, wenn
sie (die Weißen) von den
„Verschenk-Festen" der Indianer
hörten; sie meinen dann,
arme Leute dürften es sich nicht leisten,
freigebig zu sein!

Welch verklemmte Auffassung
vom Geben und Nehmen!
Die Indianer haben recht:
Schenken, miteinander teilen,
andere teil-haben lassen
an dem, was man hat,
was einen freut,
worüber man glücklich ist –
das gehört doch zum Menschsein!
Bei Armen
wie bei Reichen!

Adalbert Ludwig Balling

Immer wieder: Liebe!

In der ganzen Welt muss sich jetzt ein einziger Ruf erheben: der Ruf nach Liebe! Ein einziger Gedanke: Liebe! Ein einziges Losungswort: Liebe! Und immer wieder: Liebe!

Du und ich werden das Elend nicht ganz aus der Welt schaffen können. Aber wenn wir uns daransetzen, unser Möglichstes zu tun und mehr als das Mögliche, werden doch einige Menschen, einige unserer Brüder gerettet werden.

Raoul Follereau

Die Revolution der Liebe

Ein Weiser aus Indien erzählte folgende Geschichte: In meiner Jugend war ich ein Revolutionär. Ich wollte alles ändern. Mein einziges Gebet lautete: Herr, gib mir die Kraft, die Welt zu verändern!

Als ich die Lebensmitte erreicht hatte und feststellte, dass meine Jahre gezählt sind und dass ich bisher keine einzige Seele geändert hatte, wandelte ich mein Gebet ab und betete künftig: Herr, gib mir die Gnade, all jene zu verändern, denen ich begegne – vor allem meine Freunde und Verwandten!

Jetzt, da ich ein Greis bin und mein Leben sich dem Ende nähert, beginne ich einzusehen, wie dumm und töricht ich war. Mein einziges Gebet lautet nun: Herr, gib mir die Gnade, mich selbst zu ändern. Hätte ich darum bloß schon von Anfang an gebetet, ich glaube, mein Leben wäre nicht vertan …

Wer sich selbst ändert, ändert auch die Menschen um sich herum. Keiner wird je echten Einfluss auf andere nehmen, wenn er nicht zuvor sich selbst zu ändern begonnen hat. Die einzige wirkliche Revolution in unserem Leben ist die Revolution der Liebe.

Adalbert Ludwig Balling

„Ich habe zu wenig geliebt"

Im Zweiten Weltkrieg sagte ein Verwundeter zu einem Pfarrer: „Herr Pfarrer, ich möchte beichten, aber ich höre schlecht und bin dazu noch evangelisch …" Er sagte dies in einem Saal mit 20 Verwundeten.

Bevor der Geistliche überlegen konnte, sprach der Verwundete weiter: „Ich habe nur eine einzige Sünde: Ich habe zu wenig geliebt! Ich bin so vielen Menschen so vieles schuldig geblieben!"

Gilt dies vielleicht auch für uns? Denken wir doch stets daran: „Nur die Liebe zählt!" Liebe ist eine Aufgabe, die unser ganzes Leben erfüllen muss. Sie ist eine schwere Aufgabe – fürwahr. Aber gottlob kommt bei Gott die „Gabe" vor der „Aufgabe".

Reinhard Abeln

„Nicht hassen, nur lieben!"

Die Schauspielerin Ida Ehre, deren Mutter im Dritten Reich von der Gestapo abgeführt und ins KZ verschleppt wurde, erhielt von ihrer bereits verhafteten Mutter eine Postkarte. Sie muss sie wohl während des Abtransportes geschrieben und über einen Boten herausgeschmuggelt haben. Auf der Karte standen die Worte:

„Mein geliebtes Kind, die Menschen können nur miteinander leben, wenn das Wort Liebe groß geschrieben wird. Liebe und Toleranz; nicht hassen, nur lieben!"

Adalbert Ludwig Balling

Liebe gibt dem Leben Sinn

Liebe findet immer einen Weg –
sei es in Erfüllung,
sei es in Entsagung.

Zenta Maurina

Es gibt ein Land der Lebenden
und ein Land der Toten
und die Brücke ist die Liebe;
nur in ihr überleben wir,
nur sie gibt dem Leben
einen Sinn.

Thornton Wilder

Was ich im Zorn vollbracht,
wuchs voll Pracht über Nacht
und ward verregnet.
Was ich aus Lieb' gesät,
keimte stet, reifte spät –
und ist gesegnet.

Peter Rosegger

Wo man Liebe aussät,
da wächst Freude empor.

William Shakespeare

Erst seit ich liebe,
ist das Leben schön;
erst seit ich liebe,
weiß ich, dass ich lebe.

Theodor Körner

Die Liebe verwandelt.
Die Liebe schenkt Freude
am Leben.
Die Liebe baut ein Leben auf.
Die menschliche Liebe
muss überall sein.

Jacques Gaillot

Man kann ohne Liebe
Holz hacken,
man kann aber nicht
ohne Liebe mit Menschen
umgehen.

Leo Tolstoi

Alles aus Liebe zu Gott

Wie der Vater liebt,
so lieben auch seine Kinder.
So wie Er barmherzig ist,
sind auch wir berufen,
untereinander barmherzig zu sein.

Papst Franziskus

Nicht für eine Million Dollar

Die nachfolgende Geschichte ist zwar nicht mehr neu, aber sie kann uns jedesmal, wenn wir sie hören, neu fesseln: Eine Journalistin kam auf einer Weltreise in ein Aussätzigenheim in Afrika. Da konnte sie beobachten, wie eine Missionsschwester die eiternden Wunden eines Aussätzigen verband. „Schwester", sagte die Journalistin, „ich bewundere Sie, ich würde das nicht für eine Million Dollar tun." Die Ordensschwester antwortete: „Ich auch nicht."

Eine hervorragende Antwort, die die Schwester der Journalistin gab. Die drei Worte „Ich auch nicht" verraten uns etwas ganz Großes, etwas ganz Entscheidendes: Es gibt Leistungen im Leben, die durch Geld nicht aufgewogen werden können. Und das sind die Taten der Liebe.

Das Recht kennt nur ein Wort: sufficit, auf Deutsch: Es ist genug, ich habe gerade meine Pflicht getan – und das genügt. Die Liebe aber sagt: non sufficit, es ist nicht genug. Liebe will immer mehr, sie kennt keine Grenzen.

„Ich auch nicht", sagte die Schwester. Sie wollte damit zum Ausdruck bringen, dass sie den Aussätzigen nicht um eine Million Dollar diente, sondern um der Liebe Christi willen. Sie setzte sich mit der ganzen Kraft ihrer Liebe für die Kranken und dadurch für Gott, für Christus, ein.

Die Geschichte sagt uns sehr deutlich: Es gibt noch andere Motive für unser Handeln dem Mitmenschen gegenüber als nur Geld. Liebe, Zuwendung, Dienst am Nächsten – darauf kommt es heute mehr denn je an. Keiner von uns ist aus der Verantwortung für den anderen entlassen. Niemand kann am letzten Tag der Weltgeschichte sagen: „Bin ich denn der Hüter meines Bruders?" (Gen 4,9).

Suchen wir darum die Gelegenheit zum Üben, zum Da-sein für andere! Und zwar einfach so, ganz selbstverständlich. Schon die schlichte Frage: „Wie geht es Ihnen?" oder: „Haben Sie einen Wunsch?" kann eine Kettenreaktion guter Taten auslösen.

Die oben erwähnte Ordensschwester darf unser großes „Vor-Bild" sein. Bilder bilden! Dabei kommt es nicht darauf an, dass wir eine Liebestat vollbringen, die etwas „gleichsieht", sondern dass wir einen „Anfang" machen. Das Weitere tut Gott, der seine Freude am Vollenden hat.

Reinhard Abeln

„Wo Mutter ein Engel gewesen war"

Friedrich von Bodelschwingh (1831–1910), evangelischer Theologe und Leiter der Anstalten für Behinderte in Bethel, erzählt aus seiner Kindheit:

Als im Herbst das Obst reif an den Bäumen im Garten hing, hatte uns der Vater streng verboten, auf die Bäume zu klettern. Wir durften nur von den heruntergefallenen Früchten essen. Aber einmal hatte ich das Verbot doch übertreten und war heimlich auf einen Baum geklettert.

Dabei zerriss ich mir unglücklich den Hosenboden. Heimlich schlich ich mich mit einem bösen Gewissen nach Hause. Dabei drehte ich mich immer so geschickt, dass keiner den Schaden entdecken konnte.

Nach dem Abendbrot ging ich in mein Zimmer; besah dort erst richtig voll Entsetzen die zerrissene Hose und legte sie zuunterst auf den Stuhl, alle anderen Kleidungsstücke geschickt darüber. Dann kniete ich am Bett nieder, um mein Abendgebet zu sprechen: „Lieber Gott, ich bin heute ungehorsam gewesen. Vergib es mir doch und mach, dass morgen früh meine Hose wieder heil ist."

In diesem Augenblick ging meine Mutter an der Kinderzimmertür vorbei, blieb einen Augenblick stehen und hörte mein Gebet. Dann ging sie lächelnd weiter. Dem Vater sagte sie nichts. Sie wollte eine Handlangerin Gottes sein.

Als ich fest eingeschlafen war, nahm sie die zerrissene Hose und machte sie wieder heil. Dann legte sie die Hose so hin, wie sie unter dem Berg von Kleidern gelegen hatte.

Als ich am nächsten Morgen erwachte, war mein erster Griff nach der Hose. Welch ein Wunder, die Hose war wieder in Ordnung! – Ich weiß noch wie heute, dass dieses Erlebnis, wo Mutter ein Engel gewesen war, meinen Kinderglauben mächtig stärkte.

Friedrich von Bodelschwingh

„Es ist erschütternd, zu wenig geliebt zu haben"

In seiner Erzählung „Hof der Matrjona" erwähnt Alexander Solschenizyn eine alte russische Bauernmagd, die ihr ganzes Leben lang ohne jede Entlohnung in der Landwirtschaft gearbeitet hatte und dabei, trotz Armut und täglicher Plagerei, stets freundlich und fröhlich gewesen sei – bis an ihr Lebensende.

Nie habe man sie klagen hören; nie habe sie sich beschwert, zu wenig zu haben; nie habe sie Dinge ersehnt, die sie ohnehin nicht erlangen konnte. Ganz im Gegenteil, sie sei stets hilfsbereit gewesen – und sehr zufrieden.

Nach ihrem Tod sagten die Leute: „Wir alle lebten neben ihr, begriffen aber nicht, dass sie ebenjene Gerechte war, ohne die ein Dorf, wie es in der Bibel heißt, nicht besteht. Auch keine Stadt. Auch nicht unser ganzes Land. Es ist erschütternd, zu wenig geliebt zu haben!"

In der Tat, es wird am Ende unseres Lebens nichts Erschütternderes geben als die mögliche Anklage, zu wenig geliebt zu haben. Denn dann hätten wir das Ziel, die Lebens-Aufgabe, verfehlt.

Die russische Bauernmagd hatte den tiefen Sinn des Evangeliums begriffen; sie lebte die Liebe; sie liebte Gott und den Nächsten wie sich selbst. Und es war ihr Lohn genug: dass Gott ihr bei aller Armut und Härte des Lebens ein fröhliches und zufriedenes Herz geschenkt hatte.

Adalbert Ludwig Balling

Der silberne Zaun

Ein reicher Mann, der keine Barmherzigkeit kannte, hatte einen großen Acker und er bestellte ihn wohl, ackerte tief, düngte reichlich, säte viel und hatte einen starken Viehbestand. Bei der jährlichen Berechnung der Ausgaben und des Ertrages fand er aber immer Verlust statt Gewinn, und dass der Samen nicht geerntet und die Kosten verloren, sein Vieh mannigfach verderbte und seine Äcker und Wiesen sich ganz entkräftet und unfruchtbar befanden.

In seiner Nähe hatte ein armer Einsiedler nur ein kleines Feld, nur eine magere Kuh, der er selbst das Gras an steilen Felsen und in Sümpfen zusammensuchen musste, weil er keine Wiesen hatte; doch erntete der arme Mann immer in Hülle und Fülle und konnte seinem reichen Nachbarn selbst manchmal das Saatgut borgen.

Da fragte ihn der Reiche einst: „Sage mir, wie soll ich meinen Ackerbau nur anstellen, dass ich zum Ertrage komme?" Und der Einsiedler antwortete ihm: „Führe einen silbernen Zaun um deine Felder und Wiesen, so wird Gott dich segnen."

Der Reiche erwiderte: „Das steht nicht in meinem Vermögen und ich will nicht, wie jener Schwabe, Nadeln aussäen, dass mir ein eiserner Zaun daraus wachse." Der Einsiedler aber sprach:

„Du verstehst mich nicht; wechsle um einige Taler Scheidemünze ein und komme damit morgen wieder, so will ich dich lehren, den silbernen Zaun zu pflanzen."

Dieses tat der Reiche und fand am anderen Morgen einige hundert Arme wie einen Zaun um seine Felder gestellt und denen musste er die Münzen mit freundlichen Worten austeilen. Da sprachen sie alle von Herzen: „Gott vergelte es! Gott lohne es!" Und der Einsiedler sagte ihm: „Sieh, das ist mein silberner Zaun."

Da wurde der reiche Mann wunderbar durch die Gnade gerührt und zuerst erfüllte sich die Verheißung des Einsiedlers an seinem unfruchtbarsten Acker, seinem kalten Herzen; denn es entsprang ein Quell aus diesem nackten Felsen und die Liebe ward in ihm lebendig.

Aber auch seine Felder und Wiesen prangten bald in großem Segen; er konnte seinen silbernen Zaun nun dichter und reicher machen und er ward so mild und selig, dass er in jedem Armen unseren Herrn selbst zu sehen glaubte und so endlich die Liebe Gottes als eine silberne Mauer um Hab und Gut führte, dass ihn die Engel, als er selbst geerntet wurde, im Schutze des Himmels fanden und zu dessen Freuden ihn eintrugen.

Clemens Brentano

Als Gott dich schuf …

Die Münze,
die du in die welke Hand legst,
in die Hand, die sich dir
entgegenstreckt,
ist das Glied einer Goldkette,
die dein reiches Herz
an das liebende Herz
Gottes bindet.

Kahlil Gibran

Gott ist rahe,
wo die Menschen einander
Liebe zeigen.

Heinrich Pestalozzi

Als Gott dich schuf,
machte er dich zu einem
Liebenden.

Maria Nels

Große Liebe in kleiner Münze

Wir brauchen gelegentlich Menschen, die uns erinnern, die uns sagen, was im Leben wichtig und was unwichtig ist. Das müssen keine großen, bekannten oder ausgebildeten Ratgeber sein. Es können auch ganz einfache Menschen sein, die uns Anlass zum Nachdenken geben. Zu ihnen gehört zum Beispiel die arme Witwe aus dem Markusevangelium.

Jesus sagt von dieser einfachen Frau: „Diese arme Witwe hat mehr in den Opferkasten hineingeworfen als alle anderen" (Mk 12,43). Zwar waren es nur zwei kleine Kupfermünzen, die die Frau opferte (nach heutiger Währung nicht mal 1 Cent), aber – und darin besteht die große Tat dieser Frau – es war „alles, was sie besaß", ihr „ganzer Lebensunterhalt" (Mk 12,44).

„Große Liebe in kleiner Münze" könnte man das Verhalten der armen Witwe nennen. Jesus hat ihr äußerlich kleines, aber wegen der großen Liebe großes Opfer vor seinen Jüngern gelobt. Mit ihren letzten beiden Münzen lieferte sich die Frau ganz der Güte und Fürsorge Gottes aus. Sie glaubte fest daran, Gott werde für sie sorgen, nachdem sie sich ganz in seine Hände gegeben hatte.

Ähnliches war kürzlich in einer Tageszeitung zu lesen: Eine arme Rentnerin aus Zürich spendete ihre gesamten Ersparnisse für die Mission. Auch ihre kleine Rente schickte sie in die Dritte Welt. Zu ihrem 80. Geburtstag sandte ihr der Papst ein Dankesschreiben. Die Dame, eine frühere Hausgehilfin, will nicht ans Licht der Öffentlichkeit, sie will unbekannt bleiben.

Es ist etwas Großartiges, wenn Menschen nicht kleinlich rechnen, sondern in großer Liebe sich selbst schenken. „Wo Liebe rechnet, ist sie bettelarm", sagt Shakespeare. Es ist nicht das einzige Mal, dass Jesus den großen Wert der materiell kleinen Gabe, die aber in Liebe gegeben wird, betont hat: „Wer euch (den Aposteln) auch nur einen Becher Wasser zu trinken gibt, weil ihr zu Christus gehört – amen, ich sage euch. Er wird nicht um seinen Lohn kommen" (Mk 9,41).

Christentum heißt geben, abgeben, teilen, auf andere zugehen. Die arme Witwe am Opferkasten erinnert uns daran, dass die letzte kleine Münze, die wir abgeben, großen Wert in den Augen Gottes haben kann. Das gilt nicht nur für das materielle Opfer, sondern auch für die wichtige kleine Münze des guten Wortes oder der freundlichen Geste.

Diese kleine Münze sollte uns Christen umso vertrauter sein, da sie zu den allgemeinen menschlichen Erfahrungen gehört. Ein rumänisches Sprichwort lautet: „Ein freundliches Wort gleicht einem Sonntag im Frühling." Und in Afrika ist dieses Sprichwort gebräuchlich: „Ein freundliches Lächeln, das du dem andern schenkst, kann mehr wert sein als ein gutes Essen."

Wir sollten nicht müde werden, uns ganz dem Nächsten und Gott zu schenken. Das Kleine ist nicht klein, wenn es von großer Liebe getragen ist. Die Gesetze des Reiches Gottes sind andere als die der „Welt"-Wirtschaft. Worauf es ankommt, sagt ein Wort aus dem Tibet: „Dein Herz muss Hände haben und deine Hände ein Herz."

Reinhard Abeln

Weil er den Menschen liebt

Wenn Rabbi Israel ben Elieser seine Leute vom Unglück bedroht sah, pflegte er eine bestimmte Stelle des benachbarten Waldes aufzusuchen und dort zu meditieren. Um sich vor der Kälte zu schützen, entfachte er ein Feuer. Nachdem er ein bestimmtes Gebet gesprochen hatte, geschah das Wunder: Das Unglück wurde abgewendet.

Als sein Schüler Maggid, selbst ein berühmter Rabbi, später aus den gleichen Gründen beim Allerhöchsten Fürsprache für seine Leute einlegen wollte, ging auch er in den Wald, suchte die betreffende Stelle und sagte: Herr, ich weiß zwar nicht mehr, wie man das Feuer anfacht, aber ich kenne das Gebet … – Und wieder geschah das Wunder.

Maggids Nachfolger, Rabbi Löb, sagte, als er in den Wald ging, um für seine Leute zu beten: Herr, ich weiß weder, wie man ein Feuer entfacht, noch kenne ich das Gebet, aber ich kenne die richtige Stelle – und das sollte eigentlich genügen!

Wieder vergingen Jahre, dann fiel die Aufgabe, Unglück abzuwenden, dem Rabbi von Rizzin zu. Er saß gemütlich zu Hause in seinem Lehnstuhl, den Kopf in die Hand gestützt, und sagte: Herr, ich kann gar nichts; ich weiß nicht, wie man Feuer entfacht, ich kenne das Gebet nicht und die Stelle im Wald kann ich auch nicht mehr finden. Ich kann gerade noch die Geschichte erzählen. Das müsste doch genügen! – Und es genügte.

Martin Buber fügte dieser Geschichte hinzu: „Gott schuf den Menschen, weil er Geschichten liebt."

Vielleicht sollten wir anfügen: Gott wendet Unglück von uns ab, weil er uns liebt; er hat seinen Sohn einst sagen lassen: „Alles, um was ihr meinen Vater im Himmel bittet, wird er euch geben …"

Adalbert Ludwig Balling

Wo Gott nahe ist

Es ist umsonst, dass du den Armen sagst,
es sei ein Gott, und dem Waisenkind,
es habe einen Vater im Himmel.
Mit Worten allein lehrt kein Mensch den anderen,
ein Mensch zu werden oder Gott zu erkennen.
Aber wenn du dem Armen hilfst,
dass er wie ein Mensch leben kann,
so zeigst du ihm Gott.
Wenn du den Waisen wie ein Vater erziehst,
so lehrst du ihn damit,
den Vater im Himmel erkennen.
Dann wird auch das Wort von Gott,
von Glaube, Hoffnung und Liebe
in seiner Seele Gestalt annehmen.
Gott ist nahe,
wo Menschen einander Liebe zeigen.

Johann Heinrich Pestalozzi (1746–1827)

Ins Leben geliebt

Es war vor ein paar Wochen. Da meldete sich eine Frau am Telefon. Der Stimme nach – eine sehr sachliche, ältere Dame. Sie sagte: „Heute Morgen wachte ich nach einem tiefen, ruhigen Schlaf mit einer Art Losungswort auf: Du bist ein Sonnenstrahl aus der Liebe Gottes!"

Pause. Dann, eher vorsichtig, fuhr sie fort: „Sie können jetzt von mir halten, was Sie wollen; aber ich habe mich über dieses Losungswort gefreut. Ja, ich bin ein Sonnenstrahl seiner Liebe …"

Die Dame hat recht. Jeder von uns ist ein Sonnenstrahl aus der Liebe Gottes. Er, Gott, ist es, der uns ins Leben gerufen, ins Leben geliebt hat! Irgendwie wissen wir das alle, nur tun wir uns zuweilen recht schwer damit, es auch anzuerkennen, es im Alltag für wahr zu halten!

Ob uns diese „Botschaft" als nächtlicher Traum zukommt oder durch ein Ur-Wissen, das allen Menschen ins Herz gelegt ist? Immerhin, sogar die „primitiven" Buschmänner der Kalaharisteppe im südlichen Afrika wissen darum. Gefragt, ob sie um ein „höheres Wesen" wüssten, antwortete einer von ihnen: „Da ist ein Traum, der uns träumt!"

Gott träumt uns. Sein „Traum" erhält uns am Leben. Gott liebt uns. Jeden von uns. Seine Liebe ist die Basis unseres Lebens.

Adalbert Ludwig Balling

Jeder kann die Welt verwandeln

Ein aussätziges und hungerndes Mädchen in Süd-China wurde eines Tages von den Bewohnern eines kleinen Dorfes mit Stöcken und Steinen aus seiner Heimat hinausgetrieben. Ein Missionar sah den Menschenauflauf, trat unter die Menge, nahm das Kind auf seine Arme und trug es fort. Die Leute wichen zurück und schrien: „Aussatz! Aussatz!"

Unter Tränen fragte das Mädchen seinen Retter: „Warum kümmerst du dich um mich?"

„Weil Gott uns beide erschaffen hat. Deshalb bist du meine Schwester und ich bin dein Bruder. Du wirst nie wieder hungrig und heimatlos sein."

„Aber wie kann ich dir das wiedergutmachen?"

„Schenk möglichst vielen die gleiche Liebe!"

In den drei Jahren bis zu seinem Tod verband dieses Mädchen den anderen Aussätzigen die Wunden, fütterte sie, aber vor allem: Es liebte sie. Beim Tode des 11-jährigen Kindes sagten die Aussätzigen: „Unser kleiner Himmel ist in den Himmel zurückgekehrt."

Reinhard Abeln

Beeilt euch, Gutes zu tun!

Ein reicher Mann kam zum Sterben – so beginnt eine alte Legende aus dem asiatischen Raum; als er erwachte, fand er sich im Paradies vor einer reich gedeckten Tafel. Gleich wollte er zulangen, doch da wurde ihm gesagt, alles koste einen Pfennig, jede Mahlzeit. Erst wer den Pfennig entrichte, dürfe speisen.

Da dachte der reiche Mann an seine riesigen Landgüter, seine Wälder und Edelsteine und freute sich sehr. Einen Pfennig pro Mahlzeit, das wäre für ihn eine Kleinigkeit!

Doch als er bezahlen wollte, wies man ihn ab: „Freund, weißt du nicht, dass bei uns nur jenes Geld gilt, das man zu Lebzeiten verschenkt hat?"

Da wurde der reiche Mann sehr traurig, denn er wusste, wie bettelarm er jetzt war. Nie in seinem Leben hatte er etwas umsonst gegeben, nie etwas verschenkt!

Eine Legende, gewiss, aber der Kern dieser Geschichte weist auf etwas Wichtiges hin: Was immer wir an Schätzen und Gütern anhäufen, wir dürfen uns niemals ganz allein als Nutznießer betrachten.

Was immer wir an Reichtümern sammeln, letztendlich müssen sie zum Wohle aller Menschen sein. Kommen sie nicht auch anderen zugute – Verwandten, Freunden, Nachbarn, Fremden, Behinderten, Kranken, Notleidenden … –, dann ist, in den Augen Gottes, all unser Sinnen und Trachten umsonst.

Gott hat uns zur Nächstenliebe aufgerufen; er mahnt uns, mit den Notleidenden zu teilen, unser Brot mit ihnen zu brechen. Er erwartet von uns, die wir reich sind, auch an jene zu denken, die zu den Habenichtsen zählen.

Mission, Entwicklungshilfe, Brot für die Welt, Misereor, Adveniat/Missio – was immer über diese großen Hilfswerke läuft, die Mitmenschen müssen im Mittelpunkt stehen, ganz gleich, wo sie leben.

Mission heißt immer auch weltweite Mitverantwortung. Weltweite Solidarität. Weltweite Liebe. Diese Liebe und Solidarität kann man durch nichts besser bekunden als durch gute Taten. Wer seinen Mitmenschen liebt, wird ihm auch helfen wollen, wo und wann immer er Hilfe braucht.

Der deutsche Arzt Dr. Friedrich Joseph Haass, der in Moskau des vorigen Jahrhunderts sehr segensreich wirkte, sagte: „Beeilt euch, Gutes zu tun!"

Dr. Haass half Gefangenen, Verbannten, Kranken, Siechen – jedem, der dringend Hilfe brauchte – und er hielt andere dazu an, Gutes zu tun.

Das Leben des Menschen ist kurz, aber es gibt viele, die gerade jetzt leiden und in Not sind und hungern. Darum: Beeilen wir uns, Gutes zu tun!

Adalbert Ludwig Balling

Das Nächstliegende gut tun

„Was ist ein guter Christ?" Der Zeitungsreporter fragte diesmal nicht Prominente, sondern den „einfachen Mann" auf der Straße: Passanten, Kunden in einem Kaufhaus, Studenten, Bewohner eines Altenheims, Gottesdienstbesucher …

Das Ergebnis der Umfrage war entsprechend bunt: Regelmäßiger, zumindest öfterer sonntäglicher Kirchgang gehöre zu einem guten Christen, ebenso tägliches Gebet, Beachtung der Gebote, Verrichtung guter Werke, ein Leben nach der Weisung der Bibel, Jesusnachfolge, Erfüllung des Willens Gottes. Auch der Glaube an die Dreifaltigkeit wurde genannt. „Ein Christ tut das Nächstliegende gut", sagte eine junge Frau.

Das Nächstliegende gut tun – das ist keine schlechte Antwort auf die gestellte Frage: Was ist – was tut – ein guter Christ? Es lohnt sich, bei diesem Satz ein wenig innezuhalten.

Einer, der das Nächstliegende gut tat, war der barmherzige Samariter, von dem Jesus uns erzählt hat. Ein Mann, so lesen wir in der Heiligen Schrift, ging von Jerusalem nach Jericho und fiel Räubern in die Hände. Sie plünderten ihn aus und schlugen ihn. Dann gingen sie davon und ließen ihn halbtot liegen. Ein Priester und danach ein Levit kamen denselben Weg. Sie sahen den Mann und gingen vorüber. Ein Samariter aber, der des Weges zog, hielt an. Er sah den Verwundeten und wurde von Mitleid gerührt. Er trat zu ihm, goss Öl und Wein in seine Wunden und verband sie. Dann setzte er ihn auf sein Lasttier, brachte ihn in eine Herberge und pflegte ihn. Am anderen Tag zog er zwei Denare heraus und gab sie dem Wirt. „Sorge für ihn", sagte er, „und was du darüber hinaus ausgibst, werde ich dir erstatten, wenn ich zurückkomme."

Samariter und Juden waren sich damals nicht gut gesonnen. Sie lebten in Feindschaft miteinander. Der gläubige Jude tat, was ihm laut Vorschrift und Gesetz als religiöse Pflicht auferlegt war. Das, so meinte er, mache ihn gerecht vor Gott. Der Samariter wusste sich frei von solch einengenden Vorschriften. Einem zusammengeschlagenen Menschen musste sofort geholfen werden. Und das tat er.

Im Verhalten des Samariters spiegelt sich Jesu Verhalten zu den Menschen wider. Auch Jesus wusste sich gegenüber Gott an keine einengenden Vorschriften gebunden. Er kannte gegenüber den Mitmenschen keine Vorurteile, keine falschen gesellschaftlichen Rücksichtnahmen. Nichts hinderte ihn, auch mit Zöllnern, Sündern und ausgestoßenen Menschen zusammenzukommen, Gemeinschaft mit ihnen zu halten, mit ihnen zu essen und zu trinken. Seine Liebe zu den Menschen wurzelte in seiner Verbundenheit mit Gott. Sie war das Motiv seines Handelns.

Das Nächstliegende gut tun – das ist auch unsere Aufgabe in der Nachfolge Jesu. Dabei müssen wir uns bemühen, alle Eigeninteressen, alles egoistische Wollen und Handeln beiseite zu tun, sonst findet die Liebe zum Nächsten keinen Weg. Wer zu sehr mit sich selbst beschäftigt ist, blockiert in sich die Fähigkeit, dem Mitmenschen gegenüber gut zu sein.

Das Nächstliegende gut tun – heute, morgen, übermorgen. Das ist sicher nicht leicht. Aber ein solcher Satz ist für jeden von uns eine Aufforderung, ein Anstoß, es doch zu versuchen. Als Christ Gutes zu tun, ist immer der Mühe, des Wagnisses wert. Unser Tun könnte sogar anderen auf der Suche nach einem gültigen Lebensweg sehr hilfreich sein.

Reinhard Abeln

Der Traum des Einsiedlers

Epilandus lebte als Einsiedler in einer Felsenhöhle. Ganz in detr Nähe sprudelte eine kleine Quelle. Einige Palmen boten ihm Datteln als Nahrung. Von früh bis spät sang Epilandus Psalmen und Lieder; sie hallten wider an den Felswänden.

Eines Tages verirrte sich ein Kamelreiter in der Wüste. Epilandus nahm ihn freundlich auf und bewirtete ihn mit frischem Quellwasser und süßen Datteln. Der Kamelreiter hatte bald großes Vertrauen zum Einsiedler und er begann, sein Leben zu erzählen.

Epilandus hörte tagelang zu – vom Leid und Gram, von den Fehlern und Schwächen des Nomaden. Als dieser seine Geschichte beendet hatte, umarmte ihn Epilandus und segnete ihn.

Voll Freude kehrte der Fremde nach Hause zurück und erzählte von seinem Erlebnis beim Einsiedler. Von nun an zogen sie von allen Regionen zu Epilandus, erzählten ihm ihre Sünden und holten sich Rat und Segen. Befreit und beglückt zogen sie wieder nach Hause.

So ging das viele Jahre lang und Epilandus hörte voller Güte und Menschenfreundlichkeit, was jene ihm zu beichten hatten. Doch eines Tages überkam ihn tiefe innere Unruhe. Er hatte Zweifel und eine innere Stimme raunte ihm zu, er sei zu gütig zu den Menschen; er solle ihnen von den Strafen der Hölle erzählen, damit sie endlich aufwachten und sich bekehrten …

Epilandus war zutiefst erschüttert und so entschloss er sich zu fliehen. Nach einer langen Tagesreise sank er vor Müdigkeit in einen tiefen Schlaf – und er träumte von einem Weinstock in voller Lebenskraft; er stand mitten in der Wüste. Wanderer kamen von allen Seiten und labten sich an seinen Trauben. Voller Dank gegenüber dem Schöpfer zogen sie weiter. Und ein Engel sprach zu Epilandus: „Der Weinstock – das bist du. Kehr zurück zur Felsenhöhle und erquicke die Menschen mit deiner Liebe …“

Als Epilandus erwachte, erkannte er die List des Teufels – und er zog zurück in seine Höhle und hörte nie mehr auf, die Menschen mit seiner Güte zu beglücken – eingedenk jenes Herrenwortes: Kommet alle zu mir, die ihr mühselig und beladen seid; ich will euch erquicken.
(Nach einer alten Legende)

Adalbert Ludwig Balling

Die „Treffpunkte Gottes"

Denken Sie täglich daran: Wir können Gott erfahren, wenn wir uns um andere Menschen kümmern! „In *jedem Menschen* kann mir Gott erscheinen", sagt Novalis (1772–1801), der bekannte Dichter der Frühromantik.

Wer ständig um sich selbst kreist und sich zum Thema seines Lebens wählt, verfehlt sein Leben. Der Mensch ist auf Kommunikation, auf Gespräch hin geschaffen.

Wer *andere* glücklich macht, ist *Gott* sehr nahe. Zu diesen „anderen" gehören besonders die, die auf der Schattenseite des Lebens sich befinden, die vom Glück ausgeschlossen sind, weil kein Platz für sie da ist.

Gemeint sind die Armen, Schwachen, Ratlosen, Hilflosen, Wehrlosen, die Gescheiterten und Scheiternden, die Versager und Verzagten, die Zweifelnden und Verzweifelten, alle, die man links liegen lässt, die nichts „gleichsehen", die nicht mehr können, auch wenn sie noch wollen. Die Reihe ließe sich beliebig fortsetzen.

Alle diese Menschen können für uns zu „Treffpunkten Gottes" werden. Einsatz für den anderen, Hilfsbereitschaft und Offenheit für den Nächsten kosten zwar Zeit und Geld; doch diese bedeuten nichts gegenüber der Freude, der Bereicherung und dem Glück, Gott *ein Stück näher* gekommen zu sein, die wir selbst dabei erfahren.

Reinhard Abeln

Der liebe Gott und der reiche Bauer

Eines Tages begegnet der liebe Gott – so beginnt eine Legende aus Indien – in der Gestalt eines einfachen Tagelöhners einem reichen Bauern, der einen Sack voll Reis von seinem Feld nach Hause trug. Er schleppte mühsam, denn der Sack war schwer. Schweißperlen tropften von seiner Stirne.

Als der liebe Gott den Bauern so dahinschlurfen sah, sagte er: „Gib mir ein wenig von deinem Reis. Eine Handvoll. Dein Sack ist ohnehin übervoll und du trägst sehr schwer, wie ich sehe …"

Da stellte der Bauer den Sack ab, öffnete ihn, nahm ein einziges Reiskörnchen heraus und legte es dem Bittsteller auf die Hand: „Hier hast du ein Reiskorn!", sagte er spöttisch. „Für Taugenichtse, wie du einer bist, hat unsereiner nicht viel übrig" – drehte sich um und schlurfte weiter.

Der liebe Gott aber rief dem Bauern nach: „Gemach, gemach, Herr Bauer! Schau, was aus deinem Reiskorn geworden ist!" – Der Bauer kam zurück und sah, dass aus dem Reiskorn Gold geworden war. Pures Gold!

Zu spät erkannte der habgierige Mann, was geschehen war, denn der Fremde war plötzlich wie vom Erdboden verschwunden …

Geduckt, nachdenklich und verärgert über sein eigenes Verhalten schleppte sich der Bauer mit dem schweren Sack Reis weiter. Noch nach Jahren erzählte er seinen Freunden: „Wie kurzsichtig und egoistisch war ich doch! Hätte ich dem Fremden eine Handvoll Reis gegeben – ich wäre heute ein Millionär!"

Seine Freunde nickten und murmelten: „Was man den Armen gibt, kommt noch allemal doppelt zurück!"

Adalbert Ludwig Balling

Christus hat keine Hände

Christus hat keine Hände,
nur unsere Hände,
um seine Arbeit heute zu tun.
Er hat keine Füße,
nur unsere Füße,
um Menschen auf seinem Weg zu führen.
Christus hat keine Lippen,
nur unsere Lippen,
um Menschen von ihm zu erzählen.
Er hat keine Hilfe,
nur unsere Hilfe,
um Menschen an seine Seite zu bringen.
Wir sind Gottes letzte Botschaft,
in Taten und Worten geschrieben …
Und wenn die Schrift gefälscht ist,
nicht gelesen werden kann?
Wenn unsere Hände
mit anderen Dingen beschäftigt sind
als mit seinen?
Wenn unsere Füße dahinziehen,
wohin die Sünde zieht?
Wenn unsere Lippen sprechen,
was er verwerfen würde?
Erwarten wir, ihm dienen zu können,
ohne ihm nachzufolgen?

Aus dem 14. Jahrhundert

Mit Gott im Herzen

Seid lebendiger Ausdruck
der Güte Gottes:
Güte in eurem Gesicht;
Zärtlichkeit in euren Augen;
Liebe in eurem Lächeln;
Wohlwollen in eurem Gruß …

Mutter Teresa

Je mehr man sich bemüht,
Gott zu lieben,
umso größer wird die Liebe
zu denen,
die Gott so sehr liebt.

Charles de Foucauld

Wie der stille See tief unten
in dem vor Menschenaugen
verborgenen Springquell
seinen Grund hat,
so hat des Menschen Liebe
ihren Grund in Gottes Liebe.
Wäre Gott nicht Liebe,
so wäre im Menschen
keine Liebe.

Sören Kierkegaard

Wenn du liebst.
so sage nicht:
Gott ist in meinem Herzen,
sag lieber:
Ich bin in Gottes Herzen.

Kahlil Gibran

Ich denke immer,
das beste Mittel,
Gott zu erkennen,
ist wahrhaftig zu lieben.

Vincent van Gogh

Um Liebe beten

Der Anbetende
und der Liebende –
das ist der Mensch!

Alfred Delp

Mit Kierkegaard beten

Es ist nicht jedermanns Sache,
Gebete, die von anderen formuliert wurden,
nachzusprechen, nachzubeten.
Viele Christen ziehen es vor,
ihre eigenen Wünsche Gott selber vorzutragen.
Dagegen ist überhaupt nichts einzuwenden,
im Gegenteil. Das ist gut so.
Dennoch – mitunter können uns auch Gebete
großer Männer und Frauen früherer Epochen
und Generationen zum Mit-Beten anregen.
Hier ein Gebet des Religionsphilosophen
Sören Kierkegaard (1813–1855):

Herr, wecke mich auf, wenn ich eingeschlafen bin.
Mache mich hungrig, wenn ich satt geworden bin.
Mach mich unruhig, wenn ich meine Ruhe haben will!
Wie könnte man von der Liebe recht reden,
wenn man dich vergäße, du Gott der Liebe,
von dem alle Liebe herkommt –
im Himmel und auf Erden!
Dich, der nicht kargte,
sondern alles aus Liebe hingab;
dich, der die Liebe ist,
sodass jeder, der liebt,
nur in dir lieben kann.

Wie könnte man von Liebe reden,
wenn man dich vergäße?
Dich, den Heiland und Erlöser?
Dich, der sich selbst hingab – aus Liebe?
Dich, der kam, um alle zu versöhnen?

Adalbert Ludwig Balling

Ich bitte um die Gabe der Herzensgüte

Guter Gott, es gibt Menschen,
die so viele Herzensgüte ausstrahlen,
dass man sich in ihrer Nähe
geborgen fühlt.
Schenk auch mir ein wenig
von dieser kostbaren Haltung,
damit sich alle Menschen
bei mir wohlfühlen können!
Gib mir die Kraft,
dass ich aufbaue und nicht zerstöre,
verbinde und nicht trenne,
verweile und nicht haste,
vertraue und nicht verdächtige,
annehme und nicht ablehne,
liebe und nicht verachte,
verzeihe und nicht anklage!
Herzensgüte ist eine Gabe,
um die ich dich, guter Gott,
von Herzen bitte!

Reinhard Abeln

Herr, gib uns Augen

Herr, gib uns Augen,
die den Nachbarn sehn,
Ohren, die ihn hören
und ihn auch verstehn!
Hände, die es lernen,
wie man hilft und heilt,
Füße, die nicht zögern,
wenn die Hilfe eilt.
Herzen, die sich freuen,
wenn ein anderer lacht,
einen Mund zu reden,
was ihn glücklich macht.
Dank für alle Gaben,
hilf uns wachsam sein!
Zeig uns, Herr,
wir haben nichts für uns allein.

Gebet aus Neuseeland

Gebet um Nächstenliebe

Herr, ewiger Vater,
ich liebe sie, diese meine Nächsten,
weil du sie geliebt hast
und du sie mir
zu Brüdern und Schwestern gegeben hast
und weil du willst,
dass auch ich sie liebe,
wie du sie liebst.

Franz von Sales

Mit Freude und Liebe

Herr, du begegnest jedem,
der dich kränkt,
immer neu mit Freude und Liebe.
Ich aber achte und ehre
nicht immer neu den,
der mich kränkt.

Johannes vom Kreuz

Durch meines Herzens Liebe

Du, mein Gott,
bist das Licht,
das nie verlöscht,
die Flamme,
die immer lodert.
Vom Glanz deines Lichtes
beschienen,
werde ich selber Licht,
um anderen zu leuchten.
Ich bin nur wie ein Glas,
durch das du
den anderen scheinst.
Lass mich zu deinem Ruhm
deine Wahrheit
und deinen Willen verkünden –
nicht durch viele Worte,
sondern durch die stille Kraft
der tätigen Liebe,
wie deine Heiligen –
durch meines Herzens
aufrichtige Liebe zu dir.

John Henry Newman

Öffne unsere Herzen

Lebendiger Gott,
öffne unsere Herzen,
damit wir das Wirken
des Geistes spüren,
öffne unsere Hände,
damit wir sie unseren
Mitmenschen entgegenstrecken!

Aus El Salvador

Mit den Töpfern von Taizé beten

Herr,
mache mich zu einer Tonschale,
offen zum Geben,
aber auch offen zum Nehmen,
offen zum Beschenktwerden,
aber auch offen zum Geschenksein.

Herr,
mache mich zu einer Schale für dich,
aus der du nimmst, wie du willst,
in die du hineinlegst, wie du willst.

Herr,
mache mich zu einer Schale
für meine Brüder und Schwestern,
offen für die Liebe,
offen für das Schöne und Wahre,
offen auch für die Sorgen und Nöte derer,
die traurig sind,
die nichts haben,
die hungern.

Herr,
mache mich zu einer Tonschale –
und gib, dass ich mich als dein Werkzeug
betrachte,

als zerbrechliche Schale
in deinen Händen,
aber auch als Schale,
die für dich schöpft
und bewahrt und sammelt
und wieder verschenkt …

Nach einem Gebet aus Taizé

Das Gespräch mit Gott

Jedes Gebet,
jedes Gespräch mit Gott,
jedes Erlebnis seiner Nähe,
seiner Zuwendung
macht mich lebensfähiger.

Ulrich Schaffer

Gebete sind Nachtherbergen
für die Seele.

Nelly Sachs

Das Reden mit Gott
ist unvergleichlich wichtiger
als das Reden über Gott.

Hans Asmussen

Das entscheidende Wort,
das ein Mensch sagen kann,
ist das Gebet.

Karl Rahner

Quellenverzeichnis und Dank

Die Quellen der einzelnen Zitate

sind so vielseitig wie die ausgesuchten Sinnsprüche bildhaft-bunt und tiefsinnig; bei zahlreichen war es unmöglich, sie zu orten. Aber weil möglichst viele Autoren zu Wort kommen sollten, spricht (fast) alles dafür, dass ein *Mit-dabei-sein-Dürfen* schon einem Dankeschön unsererseits (der Herausgeber) an die Zitierten gleichkommt. Allen, die dieses „Forum" erklommen haben – und sei es nur mit wenigen Worten – gilt unser Respekt und unser Dank.

Ein besonderes Dankeschön

geht an jene Verlage, in denen ich seit vielen Jahren/Jahrzehnten publiziere und aus deren Büchern ich Kurzpassagen entnommen habe. Es sind ausschließlich meine eigenen Texte. Leider ist mir nach dem Kopieren meiner „Entnahmen" das Versäumnis unterlaufen, alle kopierten Texte auf ihre Erst-Druck-Quelle hin zu kennzeichnen. Daher meine Entschuldigung und gleichzeitiger Dank an die betroffenen Verlage und Lektorate: Herder, Freiburg; Butzon & Bercker, Kevelaer; Morus, Berlin; Agentur des Rauhen Hauses, Hamburg;

Bernward, Hildesheim; Neue Stadt, München; Kreuz, Stuttgart; Benno, Leipzig: Engelsdorfer, Leipzig – und, last not least, Mariannhill Würzburg. Bei eventuellen Neuauflagen sollen die Wünsche der betreffenden Verlage berücksichtigt werden. (ALB)

Für die Texte „Was wir brauchen, ist Liebe" und „Der Refrain der Beatles" von Johannes Kuhn danken Verlag und Herausgeber dem Autor für die freundliche Abdruckerlaubnis. Alle Rechte beim Autor.

Die Autoren und Herausgeber

Reinhard Abeln, Dr. phil., geb. 1938, studierte nach der Ausbildung zum Grund- und Hauptschullehrer Philosophie, Psychologie, Pädagogik und Anthropologie. Er war als Journalist in der Kirchenpresse und Referent in der Erwachsenenbildung tätig. Als Autor hat er zahlreiche Veröffentlichungen über Lebens-, Ehe- und Erziehungsfragen vorgelegt sowie viele Kinderbücher verfasst. Reinhard Abeln ist verheiratet und hat zwei erwachsene Kinder.

Adalbert Ludwig Balling, geb. 1933, ist Mariannhiller Missionar. Nach sechseinhalb Jahren in Rhodesien/Simbabwe (und dann wieder in Deutschland) war er als Journalist, Redakteur und Publizist tätig. Seine Bücher fanden weite Verbreitung. Dutzende wurden in Fremdsprachen übersetzt. Auf zahlreichen Foto- und Info-Reisen lernte er Menschen und Kulturen auf allen Erdteilen kennen. Die von ihm herausgegebene Reihe der „Mariannhiller Geschenkbände" umfasst 120 Titel. Seine umfangreichen Biografien wurden zu Standardwerken missionarischen Lebens und Wirkens. Sein Motto: Freude ist eine Liebeserklärung an das Leben. Wer mithilft, die Schöpfung zu bewahren, baut Brücken in die Zukunft.